LE
DOCTEUR MORISOT.

TOME I.

Lille. | Paris.
L. LEFORT, | A. LECLERE ET C.,
Imprimeurs-Libraires.

bibliothèque
catholique
DE LILLE.

# LE DOCTEUR MORIZOT.

C'est toi, Larcy!.... C'est toi, Landel!

# LE
# DOCTEUR MORIZOT,

OU

## MÉMOIRES DU BARON DE LASCY.

## LILLE.

L. LEFORT, IMPRIMEUR-LIBRAIRE,

RUE ESQUERMOISE, 55.

1843.

LE

# DOCTEUR MORIZOT.

—❦—

## PREMIÈRE PARTIE.

### I.

Au mois de mai 1824, mon père, le
baron de Lascy, ancien colonel de cava-
lerie, fut promu au grade de maréchal de
camp, et chargé en cette qualité du com-
mandement du département du Doubs. J'a-
vais alors quinze ans, et depuis près de trois

ans j'étais élevé au collége royal de Besançon.

En apprenant cette nouvelle , qui me fut annoncée par mon correspondant, ancien officier en retraite et compagnon d'armes de mon père , je fus transporté de la joie la plus vive. Au plaisir de revoir mon père, après une longue séparation , se joignait l'idée que son arrivée, dans la ville que j'habitais , allait rompre pour moi la monotonie de la vie du collége , et m'offrir ces distractions , ou du moins ce changement qui plaît tant à l'âge où j'étais , et que ne dédaigne pas souvent un âge plus avancé. Ce n'est pas que mon brave et digne correspondant ne s'efforçât , chaque fois que j'obtenais la permission de sortir , de me distraire et de m'amuser de son mieux. Il me promenait le long des remparts de la ville , me faisait visiter la citadelle et les forts , et m'expliquait longuement, et en termes techniques , la destination et l'utilité des bastions , des demi-lunes , des cavaliers , et de toutes les constructions qui servent à la défense d'une place de guerre.

J'avais d'abord suivi avec plaisir , le

commandant Hutin, ( c'était le nom de mon correspondant ) dans ses promenades militaires ; j'avais écouté, sans trop les comprendre, ses explications prolixes et souvent répétées ; mais à force de voir les mêmes objets, d'entendre parler sans cesse de fossés, de contrescarpes, de chemins couverts, de batteries et de feux croisés, j'avais pris en dégoût toutes ces belles choses, et je bâillais souvent aux discours de mon Mentor. Quand il s'apercevait de mon ennui, pour varier mes plaisirs, il me menait dans le champ de manœuvres, et me faisait assister aux exercices de la garnison. C'étaient alors de nouvelles explications sur le maniement des armes, sur l'école de peloton et de bataillon, sur la manière de former un carré ; puis venaient des discussions sans fin entre les diverses méthodes de combattre adoptées par les nations modernes, comparées avec celles en usage chez les anciens.

Plusieurs fois je lui avais témoigné le désir d'aller me promener dans les campagnes voisines de la ville, de visiter ces vallons si riants qu'arrose le Doubs, ou de gravir les montagnes qui dominent les environs ; mais il me raillait alors sur mes goûts champêtres qu'il trouvait ridicules, disait-il, dans le fils d'un ancien militaire. Pour lui, il ne comprenait pas qu'un être raisonnable, et surtout le fils d'un soldat, pût trouver dans une prairie, un bocage, un vallon, et tout ce qu'on est convenu d'appeler les beautés de la nature, quelque chose de comparable à une forteresse construite par Vauban. Aussi, s'était-il fait une loi de ne jamais dépasser les ouvrages extérieurs de la place, et nos plus longues promenades atteignaient à peine le rayon kilométrique tracé à l'entour.

On ne doit donc pas s'étonner si la nouvelle de l'arrivée prochaine de mon père me comblait de joie. Je n'avais jamais connu ma mère, qui était morte peu de temps après m'avoir donné le jour. Mon père avait pris soin lui-même de mon enfance, et j'avais reporté sur lui toute ma tendresse. Cependant son abord était froid, et son regard sévère, ce qui lui donnait un air imposant qui, sans diminuer mon affection pour lui, y mêlait une sorte de crainte respectueuse. C'était lui qui m'avait donné les premières leçons de lecture, d'écriture et de calcul. La méthode qu'il avait suivie dans cet enseignement, ne ressemble en rien à celles qui sont ordinairement usitées. C'étaient plutôt des entretiens que des leçons suivies, dans lesquels il savait se mettre à la portée de mon intelligence, et faire disparaître toute l'aridité, toute la sécheresse de ces premiers éléments de nos connaissances, et par conséquent tout l'ennui qui les accompagne ordinairement. A neuf ans, il me mit dans un collége, et dès-lors je ne le vis plus que pendant les vacances que je venais passer dans la ville où il était en garnison. Enfin il obtint pour moi une bourse au collége de Besançon, et je ne l'avais pas revu depuis que j'y étais entré.

J'attendais donc avec impatience l'instant de le serrer dans mes bras. Enfin, ce jour si désiré arriva; mon père en me voyant m'accable de caresses; je ne retrouvai plus en lui cette froideur et cet air imposant, qui avait laissé dans mon esprit l'impression dont je viens de parler. Je lui rendis ses caresses avec l'épanchement naïf d'un cœur sensible et vivement ému ; des larmes de joie inondaient mes joues. Enfin j'éprouvai un de ces moments d'un bonheur pur, si rares dans la vie, bonheur que les paroles ne sauraient décrire, et dont le souvenir accompagne jusqu'au tombeau.

Notre entrevue avait lieu dans l'appartement et en présence du proviseur, chez lequel mon père était descendu avant de me faire appeler. Il paraît que je devais en partie, au témoignage favorable donné sur mon compte par ce fonctionnaire, l'accueil bienveillant du général.

Après les premiers instants donnés à l'expression de notre tendresse mutuelle, mon père adressa la parole au proviseur.

« Je vous remercie de nouveau, Monsieur, des soins que vous avez donnés à mon fils. Vous m'avez dignement remplacé ; mais je veux désormais partager avec vous cette tâche, devoir sacré pour un père, et qu'il ne doit confier à d'autres que quand il se sent incapable ou dans l'impossibilité de la remplir lui-même. Raoul ne sera désormais que demi-pensionnaire au collége. Il continuera de suivre les classes et tous les exercices de la maison ; chaque soir il viendra chez moi, et il me rendra compte de l'emploi de son temps. Ainsi je pourrai veiller moi-même sur son travail et sur ses progrès.

J'étais loin de m'attendre à cette décision de mon père ; elle dépassait toutes mes espérances. Il demanda ensuite la permission de m'emmener avec lui pour ce jour-là, mais comme une exception à cause de son arrivée ; car l'arrangement qu'il venait de prendre ne devait me donner aucun congé extraordinaire, et je ne devais avoir de liberté complète que les jours de sortie, lorsque toutefois je n'aurais pas mérité d'être mis en retenue.

En arrivant à l'hôtel, nous trouvâmes plusieurs officiers supérieurs, et entre autres le commandant Hutin, qui étaient venus faire visite au général. Mon père me présente à ces messieurs ; chacun lui fit compliment, selon l'usage, de ma taille élevée pour mon âge, de ma bonne mine, des heureuses dispositions que les maîtres avaient remarquées en moi. Le comman-

dant Hutin fut le seul qui ne s'associa pas
à ces éloges.

« Général, dit-il à mon père, voilà
comme on gâte les jeunes gens. Eh bien !
moi qui ai veillé aussi d'un peu près sur
M. Raoul, je vous dirai que je n'en suis
pas aussi content que son proviseur.

» — Que voulez-vous dire, commandant ? demanda le général, d'un ton qui
me glaça d'effroi.

» — Je veux dire que, malgré ses brillantes dispositions, nous en ferons difficilement un véritable homme de guerre. »

La-dessus il raconta longuement, selon
sa coutume, toutes les peines qu'il s'était
données pour m'apprendre l'art de fortifier
les places et les principes de stratégie ;
il ajouta que je ne montrais aucun goût
pour une science aussi indispensable, et
qu'il se croyait en conscience obligé d'en
avertir mon père, pour répondre à la
confiance qu'il lui avait accordée, afin qu'il
prît là-dessus les mesures qu'il jugerait
convenables.

Le général sourit en entendant la formidable accusation qui venait d'être lancée contre moi.

« Je vous remercie , commandant , de vos avis ; comptez que je saurai les mettre à profit en temps utile. Mais rien n'est désespéré ; Raoul est encore jeune , et le goût de la science militaire pourra lui venir plus tard. Du reste , je ne prétends pas forcer sa vocation ; et si mon fils n'a pas de disposition pour l'état militaire , il est assez d'autres carrières qu'il pourra parcourir avec honneur. L'essentiel est qu'il s'instruise à présent , pour être en état de choisir un jour celle qui pourra lui convenir , et qu'il ne soit pas un membre inutile dans la société. »

Cette conclusion parut déconcerter un peu le commandant , qui ne pouvait pas concevoir qu'un militaire ne destinât pas de gré ou de force son fils à embrasser son état.

Pour moi , qui m'attendais à des reproches amers , je fus enchanté , et j'aurais sauté au cou de mon père pour le remercier , sans la présence de la compagnie.

« A propos , commandant , reprit mon père , pour détourner la conversation , je vous avais prié de vous informer si mon ancien camarade , le docteur Morizot , était revenu de son voyage d'Allemagne ; en avez-vous eu des nouvelles ?

» — Aujourd'hui même , j'ai appris d'un de ses confrères qu'il était de retour depuis une semaine ou deux , et qu'il était rentré dans sa résidence d'Avanne où , dit-on , il exerce la médecine au grand contentement des habitants de cette commune et des lieux circonvoisins.

» — Très-bien , reprit mon père , je suis très-content de cette nouvelle. Aussitôt que j'aurai un instant de liberté , j'irai lui faire une visite et je lui présenterai monfils. »

J'avais souvent entendu autrefois mon père parler du docteur Morizot , comme d'un homme auquel il avait les plus grandes obligations , et qu'il chérissait comme un frère. Je ne me doutais guère alors que les services qu'il avait rendus à mon père , n'étaient rien en comparaison de ceux qu'il devait me rendre un jour à moi-même.

Je fus enchanté d'apprendre que nous étions si voisins , et je désirais ardemment que mon père réalisât promptement l'intention qu'il venait de manifester. Mon désir ne tarda pas à s'accomplir.

En effet, peu de temps après l'arrivée du général, il vint un jour de grand matin me réveiller. Il était vêtu d'une simple redingote bleue, sans aucune décoration, et coiffé d'un chapeau de paille à larges bords.

« Raoul, c'est aujourd'hui ton jour de sortie, il fait beau ; veux-tu venir voir le docteur Morizot ?

» — Oui, mon père, oh ! bien volontiers. • Et tout joyeux je m'élançai hors du lit.

Pendant que je m'habillais, mon père m'annonça que nous ferions le trajet à pied et que nous passerions toute la journée à la campagne. J'étais au comble de la joie. Une demi-heure après, nous franchissions les portes de la ville, par le faubourg de Taraguoz, situé au pied des rochers qui soutiennent la citadelle.

» En sortant de la dernière porte, appelée porte de Malepas, nous quittâmes la grande route pour suivre le chemin qui borde la rivière. Jamais mon correspondant ne m'avait conduit aussi loin. Aussi avec quelle joie enfantine je m'avançais dans ce joli vallon, tantôt portant ma vue sur les montagnes agrestes qui l'entourent, tantôt sur la rivière qui promène lentement ses eaux transparentes, au milieu des vergers et des fleurs.

A un quart de lieue environ de la ville, nous passâmes la rivière vis-à-vis du hameau de Velotte, et nous continuâmes notre route par un sentier à travers la prairie.

Je n'oublierai jamais toutes les circonstances de cette journée, dont le souvenir est resté gravé dans mon esprit en traits ineffaçables. C'était par une de ces belles matinées du mois de juin, où la nature étale avec profusion tout le luxe de sa parure et toutes les richesses de son sein. Quoique nous eussions fait à peine une demi-lieue, la courbe formée par le vallon nous avait ôté la vue de la ville, et même des rochers et des murs de la citadelle.

Nous nous trouvions transportés au milieu d'une solitude charmante, dont le

silence n'était troublé que par le bourdonnement des abeilles qui butinaient sur les
fleurs, ou par le chant des oiseaux qui
faisaient leurs nids dans les bosquets voisins. Nous foulions à nos pieds un gazon
frais et parfumé ; sur nos têtes, les cerisiers
innombrables qui garnissent cette prairie,
suspendaient leurs fruits déjà murs. Mes
yeux, accoutumés depuis si longtemps à
ne rencontrer que les murs du collége,
ou les remparts de la ville, se portaient
avec délices sur le brillant tableau étalé
devant nous. Je courais insouciant et
joyeux, tantôt à la poursuite d'un papillon, tantôt pour cueillir une fleur dont
l'éclat attirait mes regards. Mon père, qui
me suivait d'un pas toujours égal, modérait de temps en temps mon ardeur, en
m'observant que, si je me fatiguais ainsi
inutilement, j'aurais de la peine à faire
le voyage jusqu'au bout.

Enfin nous arrivâmes au village. Nous
eûmes bientôt trouvé la maison du docteur,
que chaque paysan s'empressait de nous
indiquer. C'était une maisonnette construite
sur le penchant du côteau qui se rapproche

en cet endroit de la rivière. Point de faste, point de luxe, dans cette construction simple, mais propre, et qui n'était pas dépourvue d'élégance. Une porte cochère, entourée de quelques acacias en fleurs, donnait entrée à une cour peu spacieuse. Un simple pavillon, élevé en face de l'entrée principale, servait d'habitation ; d'autres constructions, à droite et à gauche, étaient destinées aux usages de la maison. La façade opposée à la cour donnait sur une terrasse ombragée de tilleuls ; de là, la vue s'étendait sur une partie du vallon que nous venions de parcourir, et l'œil suivait les sinuosités de la rivière qui coulait à nos pieds.

Le docteur n'était pas chez lui quand nous y arrivâmes. Sa femme nous reçut d'abord avec une urbanité un peu froide ; car elle ne reconnaissait pas mon père ; mais dès qu'il se fut nommé, elle poussa une exclamation de joie, et l'empressement et les plus délicates prévenances remplacèrent aussitôt la politesse circonspecte, qui nous avait d'abord accueillis.

Elle nous conduisit dans une espèce de

petit salon , où nous fûmes à peine ins-
tallés , qu'elle nous fit servir des rafraîchis-
sements composés de laitage , de fruits et
d'œufs frais. Je fis honneur à ce déjeûner
imprévu que l'appétit, occasionné par ma
course matinale , me rendit plus délicieux.

Je laissai bientôt mon père et notre hôtesse s'entretenir ensemble, et j'allai m'asseoir sur une espèce de canapé , auprès
de la croisée , pour contempler à mon aise
le beau paysage qui de là se déroulait aux
regards. Mon attention était attirée surtout
par le tic-tac d'un moulin situé au bord de
la rivière , et par le bruit monotone de
la cascade formée par la digue qui amenait
l'eau à ce moulin. Ce bruit continuel et
uniforme me jeta peu à peu dans une douce
rêverie , et bientôt je me trouvai plongé
dans un profond sommeil.

Je dormis assez longtemps. En m'éveil-
lant, j'entendis la voix de deux personnes
qui parlaient avec chaleur , mais cependant assez bas, comme si l'on eût craint
de troubler mon sommeil. Les deux inter-
locuteurs étaient mon père , et comme je
le compris bientôt, le docteur Morizot,

qui était arrivé pendant que je dormais. Quoiqu'éveillé, je restai immobile, et j'entendis une partie de la conversation suivante.

« Oui, mon cher ami, disait mon père, voilà ce qui cause aujourd'hui mon chagrin ; voilà le secret que je voulais confier à ton amitié, et si je venais à mourir avant que cet enfant pût se passer de mes soins, c'est sur toi que j'ai compté pour me remplacer.

» — Je te remercie de ta confiance ; je n'ai pas besoin de t'assurer que je saurais y répondre si les circonstances l'exigeaient ; mais j'espère que la Providence ne me mettra pas dans le cas de te donner cette dernière preuve d'amitié, et que tu vivras assez longtemps encore pour veiller toi-même à l'avenir de ton fils.

» — Mon ami, personne ne sait mieux que toi combien l'existence de l'homme est fragile ; pour moi, quoique je ne sois pas encore d'un âge très-avancé, je sens que les fatigues et les blessures ont usé ma vie, et je serais imprudent de compter sur l'avenir. Depuis longtemps je désirais me

rapprocher de toi pour te confier mes cha-
grins , et ce que j'attends de toi. C'est pour
cela que j'ai sollicité un emploi dans ce
département, quand j'ai été élevé au grade
de maréchal de camp.... Avant d'arriver
ici , j'avais fait mon testament ; il était
cacheté et à ton adresse... Tiens, le voilà ,
on te l'aurait envoyé si j'étais mort ; mais
j'avoue que j'aime mieux te le remettre
moi-même. »

Ce secret dont on parlait avait d'abord
piqué ma curiosité , et j'étais resté immobile, dans l'intention , je l'avoue , de le
surprendre si c'était possible ; mais les mots
de mort et de testament prononcés par mon
père , excitèrent en moi une émotion dont
je ne fus pas maître , et malgré moi j'é-
clatai en sanglots.

« Eh bien ! Raoul, qu'as-tu donc, me
dit mon père ?..... Est-ce que tu as fait un
mauvais rêve ?

» — Je ne rêve pas , lui répondis-je ;
mais je vous ai entendu parler de mourir...
et voilà ce qui me fait pleurer.

» — Ce n'est que cela , reprit mon père
en riant ; va , rassure-toi , mon enfant ,

Dieu merci , je me porte bien ; mais quand même je serais malade , voilà le docteur Morizot, dont je t'ai parlé si souvent, qui, je l'espère , saurait bien me guérir.

» — Oui, mon ami, me dit alors le docteur Morizot, en me serrant dans ses bras, votre père a raison. Je ferais tout ce qui dépendrait de moi pour le sauver s'il était malade , et pour conserver à un enfant chéri, un père bien-aimé. Mais soyez tranquille, Dieu le conservera longtemps encore à votre tendresse.... Allons, qu'il ne soit plus question de chagrin , et songeons à passer gaiement cette belle journée, où je revois , après tant d'années, un ami cher et si dévoué. »

S'il y a des hommes dont l'aspect , dès le premier abord, nous inspire une sorte de répulsion , il y en a d'autres dont la voix, les regards, le sourire, et toute la physionomie nous attirent, avant même qu'une connaissance plus intime nous ait dévoilé les belles qualités de leur âme : tel était le docteur Morizot. Ces paroles, ces caresses, me calmèrent à l'instant, et si elles ne me firent pas perdre le souvenir d'un incident qui m'avait tant affligé , elles firent du moins disparaître bientôt toutes les traces de ma douleur. D'ailleurs , à cet âge , où les impressions sont si vives et si passagères , une sensation nouvelle en fait disparaître une autre , comme les vagues qui se succèdent effacent sur le sable du rivage l'empreinte tracée par celles qui les ont précédées.

Le reste de la journée se passa gaiement. L'épouse du docteur se chargea de moi , tandis que mon père continuait de s'entretenir avec son mari. Elle me conduisit dans le jardin , où elle me fit faire une ample provision de groseilles , de cerises et de fleurs.

Cependant , de temps en temps , je pensais à ce secret dont mon père avait parlé , et qui paraissait me concerner ; ce n'était pas sans une sorte de curiosité inquiète que je voyais les deux amis se promener en s'entretenant à voix basse , et se tenir toujours éloignés de moi , comme s'ils eussent craint d'en être encore entendus.

Enfin , quand l'heure de partir fut arrivée , le docteur renouvela ses caresses , et me demanda si je reviendrai une autre fois le voir avec plaisir. Je lui répondis que je serais enchanté de venir chez lui chaque fois que mon père le désirerait. « Bien, mon ami, reprit le docteur ; je suis charmé de vous voir dans ces dispositions ; nous n'avons pas pu aujourd'hui faire connaissance ensemble, mais une autre fois je m'occuperai un peu plus de vous que je ne l'ai fait, et je tâcherai de trouver moyen de vous distraire, et de vous amuser un peu mieux que vous ne l'avez fait aujourd'hui. »

Nous nous mîmes en route quand la grande chaleur du jour fut tombée, et nous revînmes par le même chemin que nous avions parcouru le matin. Mais j'étais loin d'avoir la même gaieté qu'alors ; était-ce un effet de la fatigue, ou de l'impression qu'avaient produite sur moi les paroles que j'avais entendues ; le fait est que le paysage ne me paraissait plus si frais, si gracieux qu'au commencement de la journée. Il est vrai de dire aussi que j'apercevais devant nous les rochers et les murs blancs de la citadelle, qui élevaient à l'ho-

rizon leur masse gigantesque et menaçante ,
comme une haute muraille qui fermait
l'entrée du vallon. La vue de ces objets ,
si connus de moi , me reportaient aux tristes jours de congé que j'avais passés autrefois dans la compagnie du commandant
Hutin.

Mon père s'aperçut du changement qui
s'était opéré en moi ; il me prit par la
main, et ralentissant le pas. « Tu es fatigué , me dit-il , allons un peu moins vite.

» — Non , non , répondis-je , je ne suis
pas fatigué , mais je ne vois plus ce soir de
jolies fleurs à cueillir , ni de papillons à
poursuivre.

» — Je n'en suis pas fâché , reprit mon
père , en ce cas nous allons causer ensemble , car j'ai quelque chose à te dire. » Il
n'en fallait pas tant pour exciter mon attention. Je devins tout oreille. « Mon ami ,
quand le docteur t'a engagé à retourner le
visiter , ce n'était pas une de ces invita-
tions banales, qui ne sont guère qu'une
formule de politesse , à laquelle le cœur
n'a que peu de part. Le docteur désire sincèrement te voir le plus souvent possible ,

et moi je le désire plus encore que lui, car il est peu d'hommes que j'estime autant, et qui soit plus capable de te former le cœur et l'esprit. C'est un homme admirable, que je n'ai jamais vu se démentir ; tel je l'ai connu naguères, tel je le retrouve aujourd'hui, faisant du bien à tout ce qui l'entoure, modeste autant que savant, d'une intelligence supérieure et d'un cœur plein de générosité.

» — Comment se fait-il qu'un homme d'un tel mérite soit venu habiter la campagne ?

» — Il a rendu autrefois des services éminents à la patrie et à l'humanité dans une position plus brillante. Il était médecin des armées, et c'est pendant la campagne d'Égypte que je me suis lié avec lui d'une manière intime. Sa protection et ses conseils ont favorisé mes premiers pas dans la carrière militaire, et je dois à son amitié le peu de bien que j'ai pu faire.

» — Vous me raconterez les détails de cette campagne, dis-je à mon père ; je suis bien curieux de les connaître. »

## II.


Mon père ne se fit pas prier, et tout en cheminant vers la ville, il me parla en ces termes :

« Dès ma tendre jeunesse, j'ai vécu avec Morizot, qui eut l'occasion de rendre à ma famille d'importants services. Il eut, dès ses premières années, un attrait particulier pour la médecine, et il dirigea toutes ses études vers cette science. Il y fit des progrès très-remarquables, et lorsqu'il eut l'âge de servir, il entra dans l'armée en qualité de sous-aide.

» Après plusieurs campagnes, il revint nous voir et passer quelque temps avec un oncle qui lui était très-cher, et qui l'engagea fortement à rester dans le pays où, lui disait-il, il pourrait être très-utile aux habitants.

» — Non, mon cher oncle, lui répondit Morizot, il n'est pas encore temps pour moi d'être un médecin sédentaire. Tant que je serai jeune, et que durera la guerre, je remplirai la mission qui m'est confiée. C'est une tâche trop noble et trop belle pour l'abandonner volontairement, avant de l'avoir accomplie jusqu'au bout. Sans doute le médecin, qui se voue au soulagement des pauvres habitants des campagnes, fait un acte méritoire, et ce sera là, si Dieu me prête vie, par où je terminerai ma carrière. Mais nos pauvres soldats, enlevés malgré eux au foyer paternel, entraînés sur les champs de bataille, exposés à toutes sortes de privations et de maladies, réclament mes premiers soins, pendant que l'âge et la santé me le permettent.

» — Allons, je le vois, lui dit son oncle, nous ne pourrons pas te retenir. Et de quel côté penses-tu porter tes pas en nous quittant ? Est-ce au Nord, au Midi, à l'Est ou à l'Ouest? car , Dieu merci , par le temps qui court , tu trouveras de quoi t'exercer de quelque côté que tu te diriges.

» — Le lieu de ma destination est encore un secret. Je vais rejoindre à Toulon l'armée que commande Bonaparte. Comme cette expédition sera probablement de longue durée, je n'ai pas voulu partir sans venir vous embrasser. J'ai ordre de rejoindre le quinze de ce mois ; c'est aujourd'hui le sept , il me faut six jours pour arriver à Toulon ; ainsi j'ai trois jours à passer avec vous.

» Son oncle se plaignit d'abord du peu de temps qu'il voulait lui donner ; puis on parla du général Bonaparte , de sa conduite au siége de Toulon , de ses exploits en Italie , enfin de sa future expédition dont Morizot allait faire partie.

« Comment , dit l'oncle , tu ne sais rien du but de ce formidable armement ?

» — Je vous ai dit , répondit le docteur , que c'était un secret ; cependant plusieurs circonstances et quelques révélations de gens bien instruits que j'ai vus dernièrement à Paris , me font croire avec certitude que nous allons en Egypte ; le désir de voir la vieille terre des Pharaons et des Ptolémées , n'a pas peu contribué à la détermination que j'ai prise de m'embarquer avec l'armée. Depuis longtemps je nourris la pensée de visiter l'Orient ; jamais occasion plus belle ne s'offrira , aussi je me hâte d'en profiter.

» La conversation se prolongea longtemps sur ce sujet ; il nous dit qu'un grand nombre de savants devaient accompagner l'expédition ; qu'on avait embarqué à l'imprimerie nationale , des caractères turcs et arabes ; que parmi les médicaments destinés à composer les pharmacies , on avait choisi de préférence, et en grande quantité , ceux qui doivent servir spécialement au traitement de la peste et des autres maladies ordinaires à ces contrées ; c'était là une partie des circonstances qui lui avaient fait supposer que la flotte de Toulon ferait voile pour l'Egypte.

» Pendant la nuit qui suivit l'arrivée de Morizot , je ne pus fermer l'œil. Ce que je venais de lui entendre dire me préoccupait, m'agitait et m'empêchait de me livrer au sommeil. Et moi aussi je me sentais tourmenté du désir de visiter l'Orient : ne pourrais-je pas aussi faire partie de cette armée prête à s'embarquer ? Cette expédition s'offrait à moi sous un aspect brillant et chevaleresque ; je me reportais au temps des croisades, et les noms des Bouillon, des Tancrède, de saint Louis, de Joinville, et tous les anciens preux me revenaient à la mémoire.

» Je me levai au point du jour, et je me rendis dans la chambre de Morizot, à qui je fis part du sujet qui m'avait préoccupé toute la nuit. Il encouragea de tous ses efforts ma résolution déjà fortement ébranlée, et il n'eut pas de peine à me décider tout-à-fait. Il se chargea de toutes les démarches nécessaires pour me faire entrer dans un des régiments de l'armée de Toulon, et au jour fixé pour son départ, nous prîmes ensemble la route de la Provence.

» J'étais heureux de sortir de l'inaction, dans laquelle les malheurs, qui pesaient sur la France, me faisaient languir ; j'étais heureux dans l'avenir que mon imagination me représentait sous les plus brillantes couleurs ; enfin j'étais heureux dans le présent , d'avoir pour ami , pour compagnon d'armes , l'homme que j'aimais et que j'estimais le plus au monde. L'idée que je serais rapproché de lui , que nous nous verrions de temps en temps , n'avait pas peu influé sur ma détermination. Ainsi , ce moment de ma vie a été un de ces instants de bonheur , qui ne se rencontrent que bien rarement dans le cours d'une longue existence.

» Dès ce moment , commença entre Morizot et moi , cette liaison intime qui unit deux hommes bien souvent plus que deux frères. Nous cessâmes désormais de faire entre nous usage du *vous* plus cérémonieux pour le remplacer par le *toi* plus amical. Quoique le tutoiement fût alors fort à la mode , je n'avais jamais voulu m'y soumettre, à cause de son origine révolutionnaire. De son côté, Morizot ne pouvait supporter cet usage entre gens qui ne se connaissaient pas , ou qui se devaient les égards commandés par les convenances. Mais , entre amis éprouvés , ce signe de familiarité ne pouvait être qu'un lien de plus , constatant une parfaite intimité ; aussi ne tarda-t-il pas à être en usage parmi nous , et dès les premiers jours de notre voyage.

» Nous arrivâmes à Toulon , dans la nuit du troisième jour depuis notre départ. Dès le lendemain , Morizot me fit faire la connaissance de plusieurs officiers de l'armée , et entre autres du capitaine Morand , qui depuis est devenu un général distingué. Sur la recommandation de Morizot , il voulut m'avoir dans sa compagnie. Il me présenta au colonel de sa demi-brigade , et dès le soir même je fus engagé en qualité de volontaire.

» Je fus un peu étourdi d'abord de me trouver au milieu de cette foule bruyante et animée ; mais peu à peu je m'accoutumai à ma nouvelle position , et bientôt l'ordre de nous embarquer vint faire trêve à toute autre préoccupation.

» Notre traversée n'eut rien de remarquable que la prise de Malte , qui ne nous arrêta pour ainsi dire que le temps nécessaire pour recevoir les clefs de la forteresse. Enfin , nous arrivâmes devant

Alexandrie , et notre armée débarqua sans opposition. Je ne te parlerai pas des détails de cette campagne ; je serais entraîné trop loin , je ne t'entretiendrai que de ce qui me concerne personnellement , surtout dans mes rapports avec Morizot.

» Nous n'avions pas été embarqués sur le même bâtiment , de sorte que nous fûmes séparés pendant toute la traversée. Mais , après le débarquement nous nous rejoignîmes , et j'appris que nous ferions partie de la même division.

» Je fus blessé au combat des pyramides ; mais j'eus le bonheur de me distinguer et d'être remarqué du général en chef qui me nomma sous - lieutenant quelque temps après.

» Mon ami Morizot me soigna dans cette occasion ; heureusement je ne fus pas long-temps malade , et je rejoignis bientôt ma demi-brigade

» Nous faisions partie du corps d'armée envoyé dans la Haute-Égypte , à la poursuite de Mourad-Bey , l'un des plus puissants chefs des Mameloucks. Nous étions commandés par Desaix , guerrier intrépide, mais non moins remarquable par ses vertus que sa bravoure. Morizot avait pour lui une affection toute particulière, et il n'en parlait jamais qu'avec attendrissement et respect. Le général avait aussi remarqué Morizot, et avait su l'apprécier. Il lui avait fait donner le grade de chirurgien en chef de son corps d'armée, et souvent il aimait à s'entretenir avec son cher docteur, c'était ainsi qu'il avait coutume de l'appeler.

» La liaison de Morizot avec le général Desaix ne me fut pas inutile; il parla de moi à ce général, qui bientôt me fit entrer dans son état-major avec le grade de lieutenant.

» C'est en cette qualité que je fis la campagne de la Haute-Egypte. Malgré la vivacité de notre poursuite, Mourad-Bey nous échappa toujours. Une fois, il s'en est fallu de bien peu qu'il ne fût pris; il n'eut que le temps d'échapper sans pouvoir enlever sa tente, ni aucun des effets qu'elle contenait; tout le reste du camp était aussi abandonné, et ses dépouilles devinrent la proie de nos soldats. J'eus pour ma part dans le butin un sabre oriental ou damas, qui avait appartenu à Mourad-Bey. C'est ce sabre recourbé que tu vois dans ma chambre à coucher.

» Après avoir inutilement poursuivi les Mameloucks pendant plusieurs jours dans le désert, nous reprîmes le chemin de la vallée du Nil.

» Un spectacle inattendu vint frapper l'armée tout entière d'étonnement et d'admiration. Nous quittions ces plaines de sable aride, où l'on n'aperçoit aucun vestige d'habitation humaine, quand tout-à-coup, en arrivant sur le plateau qui domine la contrée arrosée et fertilisée par le fleuve, nous voyons une immense étendue de terrain, couverte de pyramides, d'obélisques, de colonnes, de portiques, de sphinx et de constructions de toute nature, toutes gigantesques, toutes à moitié détruites et renversées. Le soleil couchant qui projetait ses rayons de pourpre et d'or sur ces magnifiques débris, semblait leur rendre pour un instant leur ancien éclat.

» L'armée s'arrêta en silence, et le général qui avait compris l'impression que fai-

sait sur elle ce spectacle si nouveau, s'é-
cria d'une voix tonnante : « Soldats, vous
voyez devant vous les restes d'une ville
autrefois puissante et célèbre ; elle n'est
plus aujourd'hui qu'un vaste tombeau,
mais encore rempli de souvenirs de gloire.
Que l'armée française salue les ruines de
Thèbes ! » A ces mots, il fait un signal, les
tambours battent aux champs, et l'armée
fait le salut militaire à la ville de Thèbes
aux cent portes ! Puis les troupes défilèrent
et vinrent camper au milieu des ruines.

» Malgré la fatigue des jours précédents,
je dormis peu cette nuit, tant mon esprit
était agité par les pensées qu'avait fait
naître en moi l'aspect de cette ville immense, qui n'avait plus d'autres habitants que
les animaux sauvages, dont les repaires
existaient au milieu des palais et des temples abandonnés.

» Les nuits sont longues dans ces contrées
méridionales, et l'aurore précède de peu
d'instants le retour du soleil. Fatigué de
ne pouvoir dormir, j'allai trouver Morizot,
et je lui proposai de profiter d'un beau clair
de lune et de la fraîcheur de la nuit pour

visiter quelques-uns des monuments gigantesques qui s'élevaient çà et là autour de nous.

» Je ne demande pas mieux, me répondit-il ; les mêmes pensées m'ont empêché comme toi de me livrer au sommeil ; partons, le silence de la nuit est favorable pour méditer sur le silence des tombeaux, et aussitôt nous nous mîmes en route.

» A peine avions-nous fait quelques pas que nous aperçûmes plusieurs personnes qui s'avançaient comme nous au milieu des ruines. Bientôt nous nous reconnûmes mutuellement ; c'était le général Desaix, accompagné de quelques officiers.

» Je devine, nous dit-il, en nous abordant, ce qui vous attire si matin dans les rues désertes de cette vaste cité ; moi aussi j'ai désiré visiter ces ruines ; si vous voulez venir avec nous, nous ferons ensemble des recherches et des observations.

» Nous profitâmes de l'invitation du général, et réunis à sa suite, nous continuâmes notre promenade nocturne.

» Après avoir longtemps marché en silence, occupés chacun de nos propres pensées, le général s'arrêta à l'extrémité d'une espèce d'avenue, connue sous le nom de l'allée des sphinx, et s'étant assis sur le tronçon d'une colonne renversée, il nous engagea à l'imiter, et à prendre pour siége d'autres blocs épars, et qui formaient en cet endroit une sorte d'enceinte circulaire. Alors Desaix s'adressant au docteur Morizot : Pourriez-vous nous dire, docteur, lui demanda-t-il, si ce que nous apercevons d'ici était jadis un temple ou un palais ? et de la main, il désignait un édifice dont il ne restait debout que quelques portiques, précédés de plusieurs obélisques, et une grande quantité de colonnes plus ou moins mutilées.

» — Général, répondit Morizot, il serait aussi difficile de résoudre votre question, que de vous dire en voyant une partie des os d'un squelette humain, si l'individu auquel ils ont appartenu, était de son vivant, roi, prêtre ou berger. Le temps et la mort effacent tout. Ce théâtre de désolation et de ruines me rappelle ces vers de Racine le fils, que je vous demande la permission de citer avec une légère variante ; on ne saurait mieux exprimer les réflexions que fait naître le tableau qui s'offre à nos regards.

Peuples, rois, vous mourrez, et vous villes aussi.
Là gît *Ptolémaïs*, et *Thèbes* fut ici.
Quels cadavres épars dans l'*Égypte* déserte [1] !
Et que vois-je partout ? La terre n'est couverte,
Que de palais détruits, de trônes renversés,
Que de lauriers flétris, que de sceptres brisés,
Où sont, fière Memphis, tes merveilles divines ?
Le temps a dévoré jusques à tes ruines.
Que de riches tombeaux élevés en tous lieux,
Superbes monuments, qui portent jusqu'aux cieux
Du néant des humains, l'orgueilleux témoignage !

» Le docteur se tut, après avoir récité ces vers d'une voix grave et solennelle. Il se fit un long silence au milieu de nous tous qui ne rêvions que la gloire, qui venions la chercher sur cette terre lointaine, et où nous trouvions en ce moment une si terrible leçon de la vanité des grandeurs humaines.

[1] Il y a dans le texte :
Là gît Lacédémone, Athènes fut ici.
Quels cadavres épars dans la Grèce déserte !
       Racine le fils. — **La religion**, ch. I.

» Le général paraissait surtout profondément ému. Le premier, il rompit le silence, et d'une voix empreinte d'une gravité triste, il engagea, avec Morizot, une conversation que je n'ai jamais oubliée.

» C'est pourtant quelque chose de bien désolant, de bien amer à la pensée, de voir que tant de monuments élevés à la gloire des rois, des héros, des hommes illustres de ces temps reculés, que tant d'efforts, dis-je, pour conserver leur mémoire, aient été inutiles, et n'aient pu atteindre le but que leurs auteurs s'étaient proposé.

» —Et cependant, reprit le docteur, jamais peuple, ni dans l'antiquité ni dans les temps modernes, n'a été aussi ingénieux que celui-ci à donner un caractère de durée à tout ce qu'il faisait. Il ne se contentait pas d'élever des statues, ou d'immenses tombeaux aux hommes illustres dont il voulait perpétuer le souvenir, ni d'employer pour ces travaux les matériaux les plus durs et les plus inaltérables, il avait encore trouvé le secret d'embaumer et de préserver à jamais de la corruption les restes mêmes de ces hommes vénérés. Comment ceux-ci auraient-ils pu craindre d'échapper à l'oubli ?

» Les poètes , les orateurs, les historiens, sans doute , et tous les flatteurs qui entourent les hommes puissants , leur promettaient l'immortalité , dans des poèmes et dans des ouvrages , qui devaient durer plus longtemps que les pyramides elles-mêmes. Et l'on ne se contentait pas d'écrire ces éloges fastueux sur les feuilles trop fragiles du papyrus ; mais pour les rendre en quelque sorte ineffaçables , on les gravait en caractères profonds sur le bronze et sur le granit, on les sculptait sur les monuments publics , on en revêtait l'extérieur et l'intérieur des tombeaux : ce n'est pas tout ; ils avaient trouvé le secret merveilleux de composer des couleurs que le temps ne pouvait altérer , et d'habiles artistes , à l'aide du pinceau , traçaient ces mêmes éloges sur l'enveloppe qui recouvrait ces corps devenus incorruptibles. Et tant de précautions pour vivre dans la postérité, ont cependant été vaines !

» Ce ne sont pourtant pas les monuments

qui ont failli les premiers à leur destination ; un grand nombre sont encore debout,
et étalent leurs inscriptions parfaitement
conservées ; les ruines de ceux qui sont
tombés conservent pour la plupart les caractères que le burin ou le pinceau y a jadis
tracés ; les couleurs qui recouvrent les
momies brillent encore du plus vif éclat.
D'où vient donc que l'histoire de tant de
héros et de grands capitaines soit à jamais
perdue ? d'où vient que leur nom lui-même
ne soit plus aujourd'hui qu'une énigme ?
D'une circonstance qu'ils n'avaient pas pré-
vue, c'est que la langue dans laquelle sont
écrites ces pages destinées à l'immortalité,
est morte elle-même et effacée de la mémoire des hommes, et que ses caractères
les mieux conservés n'offrent plus maintenant à nos yeux qu'un assemblage de figures bizarres, incapables de réveiller en
nous aucune idée. C'est ainsi que la sagesse
divine se joue des projets enfantés par
l'orgueil humain, et renverse d'un souffle
les savantes combinaisons du génie et les
merveilles de la science et des arts.

» — Savez-vous, docteur, que vos

réflexions sont bien décourageantes, et qu'elles tendraient à nous désenchanter de la gloire, à laquelle nous autres soldats, nous sacrifions notre repos et notre vie.

» — Ce serait là sans doute la conclusion qu'on en devrait tirer, si une gloire vaine et futile était le seul mobile de vos actions, le seul aiguillon de votre courage ; mais quand on y joint l'idée de l'accomplissement de ses devoirs envers la patrie, et surtout de ces vertus dont l'exercice est si rare, et pourtant si noble et si beau dans votre état, telles que la justice, l'humanité, le désintéressement, on trouve alors dans le témoignage de sa conscience et surtout dans l'approbation de l'Être infini, qui d'un seul de ses regards pénètre nos plus secrètes pensées, une récompense plus solide et plus durable que toutes celles qui sont décernées par les hommes.

» — Vous avez raison, docteur, et vous parlez en sage ; mais nous autres guerriers, nous ne saurions que difficilement nous élever à cette philosophie toute chrétienne, et il nous est pénible de penser qu'un jour peut-être il en sera des grandeurs de notre patrie, comme de celles que nous voyons ici détruites et renversées; de même que nous, habitants d'une contrée inconnue de ces peuples anciens, et plongés dans la barbarie, quand cette ville était riche et florissante, nous enfants d'une civilisation nouvelle, nous foulons aux pieds les ruines d'une civilisation qui n'est plus, et dont les restes se dérobent à nos curieuses investigations, de même, un temps viendra dans la suite des siècles, où quelques voyageurs arrivant des extrémités du monde et appartenant à un peuple qui n'existe pas encore, parlant une langue qui n'est pas encore née, abordera dans l'Europe, devenue déserte et sauvage à son tour, et promenant ses pas sur les ruines de nos cités, cherchera en vain la place où existaient le Louvre ou les Tuileries, et demandant, comme je le faisais tout-à-l'heure, si ces débris épars appartenaient à un temple ou à un palais. C'est donc là où doivent aboutir tant d'efforts et de sacrifices, la destruction et l'oubli !...

» Le général s'était levé en prononçant ces paroles; puis, après un moment de silence, il ajouta : « Oui , encore une fois, docteur, vous avez raison , il n'y a rien de durable que la vertu , rien d'éternel que Dieu !...

» A ces mots , il prit le bras du docteur et continua sa promenade. Nous suivîmes pêle-mêle , et en échangeant par intervalles quelques réflexions brèves à voix basse.

» Bientôt les premières lueurs du matin brillèrent à l'horizon ; la diane battit dans le camp ; le bruit des tambours et le son des trompettes , nous arrachèrent aux préoccupations qui remplissaient notre esprit , et nous rappelèrent aux soins et aux travaux de notre situation actuelle. Nous regagnâmes aussitôt nos tentes , et nous nous préparâmes au départ. Quelques heures après , toute l'armée descendait la vallée du Nil , et reprenait la route du Caire.

» Je remarquai dès-lors une plus grande intimité entre Desaix et Morizot. Le général joignait à toutes les vertus guerrières , des sentiments religieux bien rares à cette époque ; la conformité de pensées qui existaient entre ces deux hommes devait naturellement resserrer leur affection mutuelle.

Aussi Morizot ne quitta plus Desaix , et la mort seule put les séparer.

» Pour moi, je n'avais pu suivre le général et mon ami , quand ils partirent de l'Égypte. Cette séparation me fut bien douloureuse; mais le général ne pouvait ommener avec lui que deux personnes , et il choisit Morizot et son premier aide-de-camp. Il me recommanda toutefois avant son départ à Kléber , devenu , par le retour de Bonaparte en France , général en chef de l'armée , et bientôt , sans doute , grâce à cette protection , je fus nommé capitaine dans un régiment d'infanterie. Je restai en Égypte avec mon régiment , jusqu'à la capitulation qui permit à l'armée française de rentrer en France.

De nouveaux changements s'étaient opérés pendant mon absence. Notre ancien général de l'armée d'Egypte était devenu chef du gouvernement sous le nom de premier consul ; l'ordre et les lois avaient succédé au désordre et à l'anarchie ; de nouvelles victoires avaient encore couronné les armes de Bonaparte , dans cette même Italie où déjà il s'était illustré une première fois ; mais une perte bien douloureuse avait signalé une de ces victoires. Desaix, le vertueux, le brave Desaix, était tombé frappé mortellement à Marengo. On a souvent rapporté les dernières paroles qu'il prononça sur le champ de bataille, après avoir reçu le coup mortel : « Allez dire au premier consul que je meurs avec le regret de n'avoir pas assez fait pour la gloire et la postérité !

» Mais ce que les journaux du temps et les biographies n'ont pas rapporté, ce sont les sentiments de piété et de résignation chrétienne, qu'il exprima au moment d'expirer, et dont l'expression fut recueillie par Morizot qui me l'a souvent raconté depuis.

» Vos soins, mon ami, lui dit-il, ne peuvent m'être d'aucun secours... Je sens que je vais bientôt paraître devant le Juge suprême à qui j'aurai à rendre compte des actions de ma vie. Je sens plus que jamais aujourd'hui la vérité de cette parole ; l'approbation des hommes n'est rien, c'est celle de Dieu seul que nous devons rechercher... Que n'a-t-elle été le mobile constant de toutes mes actions !... C'est pour moi toutefois un sujet de consolation de mourir entre les bras d'un homme de bien , à qui je puis confier mes derniers sentiments... Je meurs dans la religion de mes pères , et à défaut d'un ministre de cette religion pour m'aider dans ce moment suprême, c'est de vous, mon ami , que j'attends des consolations et des prières.

» Jamais Morizot ne m'a raconté cette scène sans être ému jusqu'aux larmes. Je me rappelais, me disait-il, Bayard mourant aussi sur cette même terre d'Italie, se confessant à son écuyer , et baisant la croix formée par la garde de son épée.

» A la suite de la campagne d'Égypte , je demandai et j'obtins un congé. Le même jour, je reçus du ministère de la guerre un brevet de chef de bataillon.

» Une horrible catastrophe vint briser ma carrière. Le meurtre du duc d'Enghien révolta ma conscience , et j'envoyai ma démission. Je me retirai dans une petite propriété que je possédais en Touraine , et je ne pris dès-lors aucune part aux événements politiques jusqu'à la restauration.

» J'aurais bien désiré fixer Morizot auprès de moi ; mais je ne pus le déterminer à quitter ses fonctions ; tout ce qu'il m'accorda ce fut de venir passer quelque temps dans la modeste habitation que j'occupais ; encore fallut-il une circonstance grave pour le décider : ce fut à l'occasion de mon mariage avec ta pauvre mère. »

Ici mon père poussa un profond soupir, et suspendit un instant son récit. Car jamais il ne parlait sans une profonde émotion de ma mère, que je n'ai pas connue et qui est morte peu de temps après ma naissance. Après une courte interruption il reprit en ces termes :

« A mon tour, j'allai servir de témoin au mariage de Morizot, qui se célébra peu de temps après à Nantes, où sa femme demeurait depuis plusieurs années. J'espérais que sa nouvelle épouse aurait plus d'influence que moi pour l'engager à changer de résolution ; mais il l'avait prévenue d'avance, et elle n'essaya pas même de le détourner du projet de continuer l'exercice si pénible de la médecine militaire ; elle voulut même l'accompagner et partager ses fatigues et ses travaux. Je ne pouvais qu'admirer de part et d'autre un si beau dévouement ; car du côté de Morizot il n'entrait aucune idée d'ambition ou de fortune ; il ne songeait ni à l'avancement ni aux récompenses. Il ne se regardait pas comme étant au service de tel ou tel gouvernement , mais bien à celui de l'humanité... Aussi jamais il n'a fait la moindre démarche auprès du pouvoir , quel qu'il soit , pour en obtenir non pas des grâces ou des faveurs , mais simplement justice. Cependant , quelquefois , malgré la modestie dont il couvrait ses actions les plus honorables , sa belle conduite perçait malgré lui , et il obtenait dans un bulletin les honneurs de l'ordre du jour , ou une décoration.

» Morizot fit toutes les guerres de l'empire jusqu'en 1814. Il a parcouru toutes les contrées qu'ont visitées nos armes , depuis les bords du Rhin jusqu'à ceux du Nil, depuis Lisbonne jusqu'à Moscou. Pendant ces longues campagnes , au milieu des fatigues de toute nature , occasionnées par ces guerres gigantesques, il n'a cessé d'entretenir une correspondance avec moi. Enfin, en 1814, quand la paix fut rendue à la France, il songea à se retirer dans son pays.

» A la même époque, moi, au contraire, je revenais reprendre du service auprès des princes de la maison de Bourbon.

» Ainsi, par un contraste bizarre, au moment où Morizot quittait l'armée, moi j'y rentrais. C'était la seconde fois que nous nous rencontrions à Paris; quelle différence avec la première ! que d'évènements s'étaient passés depuis cette époque, qui ne datait que d'une douzaine d'années. Le règne tout entier de Napoléon s'était écoulé dans l'intervalle.

» Je voulus faire des instances à Morizot pour rester; ce fut inutile. Ma mission est finie maintenant, me disait-il, c'est le moment que j'ai choisi pour me retirer.

» Il voulait envoyer sa démission purement et simplement, et j'eus toutes les peines du monde à le décider de faire valoir ses droits à la retraite. Je ne pus le déterminer que par cette considération qui triompha de sa répugnance Écoute, lui dis-je, tu n'es pas riche ; tu peux , il est vrai , avec tes goûts modestes vivre de tes modiques ressources ; mais il te sera impossible de rendre aucun service à ces mêmes malades que tu visiteras gratuitement, et qui ne pourront souvent acheter les remèdes que tu leur prescriras ; tandis que si tu obtiens une pension, tu pourras en consacrer tout ou partie en bonnes œuvres de la nature de celles que je viens d'indiquer. Maintenant je connais toute ta répugnance à faire le métier de solliciteur ; eh bien ! je m'en charge moi-même, et je solliciterai pour toi.

» C'est ce que je fis en effet , et je réussis facilement.

» Telles ont été jusqu'ici mes relations avec cet homme que je tenais tant à te faire connaître , car il faut de bonne heure accoutumer les jeunes gens à aimer et à estimer les gens de bien. »

Ici finit le récit de mon père ; et quelques minutes après , nous étions rentrés à Besançon.

# III.

De retour au collége, j'aspirais après le moment où j'aurais pu accompagner encore mon père chez son ami. Ce beau jour arriva enfin, et j'éprouvai un vif tressaillement de joie, lorsque j'aperçus, pour la seconde fois, la modeste habitation de M. Morizot.

Le docteur nous attendait; il nous avait vus du haut de sa terrasse, et il était venu à notre rencontre. Je l'abordai avec plus d'empressement que la première fois, et il me reçut avec une cordialité et une bienveillance si franche, que dès-lors j'éprouvai pour lui une inclination et un attache-

ment que le temps devait encore accroî-
tre et fortifier. Il y avait tant d'abandon,
tant de simplicité dans ses manières, que
je sentis disparaître bientôt toute gêne,
toute contrainte, et que je me trouvai plus
à l'aise avec lui qu'avec mon père.

« Vous ne partirez que demain, nous
dit-il avec un ton gracieux ; car autrement
je ne pourrais guères jouir de votre présence.
C'est aujourd'hui ici jour de grande ré-
ception. Je ne fais pas de visite, mais j'en
reçois beaucoup ; ne me refusez pas le plaisir de me délasser ce soir avec des amis. »

Mon père accepta volontiers ; et bientôt
nous pûmes nous convaincre que le docteur
ne serait pas trompé dans son attente. Des
paysans malades, des mères de famille
chargées de leurs enfants, des pauvres
souffrants et infirmes arrivaient de toutes
parts. Les domestiques de la maison les
introduisaient poliment dans les pièces voisines du cabinet du docteur ; on les faisait
asseoir, et l'on avait pour ces braves gens
les mêmes égards et les mêmes prévenances
que s'ils eussent dû payer la consultation
au poids de l'or.

« Ce jour, nous dit M^{me} Morizot, est pour mon mari le plus beau de la semaine. Il le consacre tout entier aux pauvres ; il éprouve un véritable bonheur à s'entretenir avec eux de leurs maux, et à leur apporter quelque soulagement. Je ne lui suis pas complètement inutile, ajouta la respectable dame en souriant ; il y a quelques remèdes fort simples qui sont du ressort de la femme de ménage, et dont il me laisse le soin ; je ne tarderai pas, je pense, à avoir besoin de recourir à ma petite pharmacie. »

En effet, une pauvre mère, portant sur ses bras un enfant amaigri, se dirigea vers nous avec un billet écrit de la main du docteur. « Vous êtes assez de nos amis, nous dit M^{me} Morizot, pour que je vous demande la permission de remplir mon petit emploi. »

En disant ces mots, cette excellente dame alla gracieusement au-devant de la pauvre mère, fit quelques caresses à la petite créature, dont elle essuya les larmes, et ouvrant un large buffet où se trouvaient rangées des fioles, des bouteilles étiquetées et des provisions de fruits confits, elle remit à la bonne femme ce que réclamait pour elle l'ordonnance du docteur.

D'autres vinrent à la file, et nous comprîmes que notre présence pouvait interrompre les charitables fonctions de notre respectable hôtesse. Mon père me prit par la main, avec l'intention d'aller faire une promenade dans le jardin ; mais il lui en coûtait trop de s'éloigner de l'attendrissant spectacle qu'il avait sous les yeux, et nous entrâmes dans une des salles d'attente, où se trouvaient les protégés de notre digne ami.

Dès que nous fûmes aperçus, les braves gens qui y étaient assis, se levèrent tous ensemble de concert ; et, comme chacun conservait sa place dans l'ordre de son arrivée, ils se rangèrent pour nous mettre au premier rang, croyant que nous venions aussi en consultation.

« Restez, leur dit mon père, je ne viens point prendre la place d'aucun de vous ; je ne suis ici qu'à titre d'ami du docteur Morizot...

» — Oh ! monsieur, quel digne homme,

interrompit un vieillard , dont la tête blan-
chie inspirait le respect , je lui dois tout !
Depuis deux ans , une maladie grave me
retenait au lit. Mon fils , après avoir épuisé
toutes ses ressources , s'adressa au bon
docteur. Il voulut bien venir me voir ,
quoique nous habitons un village situé à
deux lieues d'ici. Dès qu'il eut mis le pied
chez nous , le bonheur y rentra avec lui.
Il eut pour moi des soins , dont je ne peux
vous donner une idée. J'ai fait aujour-
d'hui, pour la première fois , le voyage
à pied , et assez lestement , malgré mes
soixante-dix années.

» — C'est la Providence du pays , ajouta
une femme d'environ trente ans , qui te-
nait une petite fille par la main ; voilà le
quatrième de mes enfants , auquel le bon
docteur sauve la vie. Nous étions sur la
paille , avant de l'avoir connu ; par ses
soins et ses secours , nous avons retrouvé
l'aisance.

» — Mon ami n'est pas riche , reprit
mon père ; je ne comprends guères comment il peut faire tant d'heureux.

» — Il est charitable , monsieur , et

par ses bonnes paroles , ses excellents conseils , il nous a été aussi utile que par sa
bourse. Guérir un malade chez un paysan ,
c'est rendre quatre bras au travail ; car ,
tandis que nous soignons celui qui souffre ,
nous ne pouvons être ni à notre bétail ni
à nos champs.

» — Et puis , reprit un grand jeune
homme d'une vingtaine d'années , dont la
physionomie hâve et le regard étincelant
indiquaient une maladie de poitrine , ce
qui nous fait du bien c'est la bonté de ce
digne homme ; ce sont les bonnes pensées
qu'il nous donne. Par suite de longues souffrances , j'étais tombé dans une affreuse
tristesse , qui m'aurait conduit au désespoir. C'est lui qui a relevé mon âme abat-
tue. Il a ranimé en moi des sentiments que
je croyais éteints , et il m'a fait trouver
dans la religion une source de consolations , que je croyais tarie pour moi.

» — Vous n'avez pas toujours habité
la campagne , dit mon père à ce jeune
homme , dont l'extérieur paraissait au-
dessus de la condition des autres malades.

» — Non , monsieur , répondit-il , et

pour mon malheur : je m'ennuyais de la vie des champs ; je la trouvais monotone ; je décidai mon père à faire des sacrifices pour mes études en ville ; je devins clerc de notaire et je gagnais à peine ma subsistance, lorsqu'une toux opiniâtre et des douleurs de poitrine me forcèrent à revenir au village. Ici, j'ai rencontré plus qu'un médecin, j'ai trouvé un consolateur, un guide, un père qui, par ses bienveillants entretiens, m'a rappelé à des devoirs que mon séjour dans la ville m'avait fait oublier. En même temps qu'il a adouci mes souffrances physiques, il a ramené le calme dans mon âme ; et, malgré l'avenir que j'ai en perspective, grâces à ses soins, je suis plus heureux que je ne l'ai jamais été.»

En prononçant ces dernières paroles, le jeune homme laissa couler deux larmes brillantes le long de ses paupières. Mon père était lui-même fort ému, et moi, si peu accoutumé à de pareilles scènes, j'éprouvais des sentiments, jusque-là inconnus à la légèreté de mon âge et de mon caractère.

Tous les autres malades tinrent à peu

près le même langage, et de toutes les bouches sortait un concert de louanges pour l'homme charitable, qui se consacrait d'une manière aussi touchante au soulagement de l'humanité.

Les visites et les consultations se prolongèrent jusque bien avant dans l'après-midi, et il était près de six heures lorsque nous pûmes songer à dîner. Cette circonstance m'est restée bien présente à la mémoire, parce que mon appétit de collégien avait peine à s'accoutumer d'un si long retard.

Lorsque M. Morizot revint nous trouver, sa physionomie, quoique respirant la fatigue, était rayonnante de joie. On pouvait lire sur son visage et dans ses regards, cette paix de la conscience et cette expression de bonté qui l'accompagnaient toujours. Il prit affectueusement la main de mon père et la mienne : « Je suis maintenant tout à vous, mes amis ; je ne pouvais pas mieux couronner une si belle journée que par la présence de personnes qui me sont si chères.

» — Et moi, mon cher Morizot, reprit

mon père , quoique je connusse bien ton cœur et le dévouement qu'il t'inspire , jamais je n'aurais pu avoir l'idée de tout le bien que tu fais ici , si je n'en avais été le témoin.

» — Ne me tiens pas ce langage , mon excellent ami, interrompit le docteur ; je ne fais qu'accomplir mon devoir. Tu le sais, si Dieu a mis dans nos âmes quelque chose de bon et d'utile à nos semblables , nous serions bien coupables , en refusant d'en faire l'usage marqué par sa providence. Tous ces êtres souffrants, que tu as vu encombrer notre maison aujourd'hui, sont nos frères , et il faudrait être bien peu humain pour leur dénier des secours et des services , qu'il nous est si facile de leur rendre , et qui portent avec eux d'aussi douces récompenses. »

Nous nous mîmes à table , et M^{me} Morizot fit les honneurs de chez elle avec cette amabilité exquise , qui donne du prix aux plus petites choses. La conversation fut peu animée pendant le repas ; mon père s'était aperçu que son ami avait besoin de repos, et il cherchait , par délicatesse, plutôt à laisser tomber l'entretien qu'à le prolonger.

Lorsqu'on se leva de table, le docteur proposa une promenade au jardin ; et nous y allâmes à trois ; nous en parcourûmes à pas lents les chemins sinueux, embaumés des parfums que la brise du soir répandait autour de nous ; les derniers rayons du soleil couchant doraient les cimes des tilleuls, et se glissaient furtivement sur la pelouse à travers le feuillage. Dans tout ce qui nous entourait, régnait un calme et une sorte de recueillement qui me pénétraient l'âme. Ce dont j'avais été témoin depuis le matin m'avait préparé aux pensées sérieuses, et je me trouvais heureux et fier d'accompagner avec mon père un homme aussi digne d'estime et de respect.

« Quel bonheur pour l'humanité, dit mon père, si tous les médecins comprenaient la dignité et la sublimité de leur vocation ! Combien de maux seraient évités ! Combien de catastrophes seraient détournées des familles !... Malheureusement, il n'en est que trop qui oublient leur haute mission, et qui s'égarent dans de honteux systèmes.

» — Ç'a toujours été un mystère pour moi, reprit le docteur, que de voir des hommes appelés aux magnifiques études, qui forment la base de notre art, renier les sentiments d'admiration, de reconnaissance et d'amour que nous devons au divin Auteur de tous les êtres. Comment le médecin, qui, chaque jour, par sa profession, assiste aux spectacles les plus merveilleux et les plus touchants, pourrait-il ne pas reconnaître, au milieu des prodiges dont il est témoin, une intelligence éternellement puissante, sage et féconde ? Comment pourrait-il réduire la vie et la pensée au simple mouvement de la matière ? Oh ! je dois le proclamer, jamais ces tristes pensées ne sont venues jusqu'à moi.

» Celui qui sait, ajouta le docteur d'un ton plus solennel, celui qui sait comment nous respirons, comment le sang circule dans nos veines et dans nos artères, comment les nerfs, partant d'un centre commun, vont se perdre dans les membres et dans les différentes parties du corps pour y distribuer le mouvement, la sensibilité et les diverses sensations, comment tous ces organes chargés chacun de leurs fonctions sont disposés à côté les uns des autres sans se contrarier dans leur action, et au contraire se suppléent et s'aident réciproquement ; celui qui sait toutes ces choses, peut-il vous nier, ô sainte et divine Providence ? »

En prononçant ces paroles, le docteur me prit affectueusement la main. « Mon cher ami, me dit-il, vous trouvez sans doute notre conversation bien sérieuse ; mais je ne vous regarde plus comme un enfant ; et, en pensant qu'avant deux ans vous devez commencer votre cours de philosophie, je crois presque pouvoir vous parler comme à un homme. »

Je m'inclinais avec respect et avec reconnaissance. Ce que j'entendais était bien nouveau pour moi ; ces paroles pleines de gravité du docteur contrastaient singulièrement avec le ton habituel de nos conversations de collége, où j'avais pris l'habitude du dédain et même de la dérision pour les choses saintes.

Malgré l'espèce de vénération que je portais à M. Morizot, je hasardai une réflexion qui lui fit entrevoir la plaie de mon cœur. Il ne parut néanmoins pas l'avoir remarquée ; et, nous ramenant sur le devant de la maison, il nous fit asseoir sur un banc, qui faisait face au chemin, et sur lequel retombaient en mille festons recourbés, les branches fleuries des acacias.

Tous les paysans qui passaient devant nous se retournaient avec complaisance et exprimaient, par leur salut, le respect et l'affection qu'ils portaient au bienfaiteur de leur village. Les femmes qui revenaient aussi du travail des champs, semblaient heureuses de pouvoir lui donner quelques témoignages de leur reconnaissance, et elles envoyaient leurs enfants jusqu'au milieu de l'avant-cour, pour faire une révérence à M. le docteur.

« Il serait désirable, dit mon père, à qui ces naïves démonstrations faisaient le plus grand plaisir, il serait désirable que nos grands parleurs d'humanité fussent témoins de ce qui se passe ici. Ils verraient ce que peut produire la science modeste et bienfaisante ; et, au lieu de s'égarer dans de funestes aberrations , ils se mettraient eux-mêmes à l'œuvre pour faire quelque bien à leurs semblables , et ne mériteraient plus ce nom d'hommes sans entrailles qu'on leur applique si souvent.

» — Prenez garde , mon ami , de devenir injuste à force de sévérité. Soyez-en bien persuadé , il est difficile , dans notre profession , d'être étranger comme vous le pensez , aux sentiments de miséricorde. Sans doute l'habitude de voir chaque jour les souffrances de notre pauvre humanité et le calme que nous devons conserver au milieu des situations les plus déchirantes nous ravissent cette fleur de compassion extérieure , qui distinguent les autres hommes. Mais , si nous devons faire taire en nous une sensibilité qui nuirait à l'exercice de notre art , nous pouvons ressentir intérieurement un non moins sincère amour pour nos semblables , et un non moins vif désir d'adoucir leurs maux.

» Pour moi, je ne pourrais pas vous exprimer les impressions profondes , qui m'accompagnaient souvent , lorsque la nuit, je traversais les vastes et silencieuses salles de nos hôpitaux, pour arriver à quelque malheureux, à qui une souffrance plus vive et une crise plus inquiétante faisaient réclamer mon ministère. Hélas ! quelles pensées venaient m'assaillir en voyant tant d'êtres qui veillent, qui souffrent, qui gémissent ! Mais, si ce spectacle est propre à émouvoir, il est aussi de nature à faire naître des réflexions graves et à rappeler à l'homme son origine et sa destinée.

» C'est surtout dans les dernières luttes de l'humanité, lorsque l'âme livre le combat suprême pour s'élancer de sa prison, que le médecin peut élever son esprit jusqu'aux plus hautes pensées ; et plus tard, lorsque le dernier souffle a abandonné le corps, lorsque la séparation décisive s'est opérée, quel grave et salutaire tableau s'offre à ses méditations ! Je voudrais pouvoir vous exprimer ce qui s'est plusieurs fois passé en moi, quand seul, dans mon amphithéâtre, je considérais le cadavre amaigri de ceux à qui j'avais essayé de prolonger l'existence, à qui j'avais donné les

dernières paroles d'espérance et de consolation.

» Ce n'est pas une illusion ; bien souvent,
il y avait sur ces physionomies frappées de
la mort, un calme que les dernières souffrances de la vie ne leur avaient pas permis
de conserver ; bien souvent une expression
de tristesse morne , qui paraissait de la
sérénité ; une expression de silence plutôt
que de mort.

» Même alors , je vous l'assure, la face
humaine porte une empreinte d'intelligence et de grandeur , qui nous révèle ses
destinées. Ce ne sont pas là des traits
qui n'ont rien eu à exprimer , qu'aucune
pensée n'a traversés ; ce n'est pas là un
visage , qui ne s'est jamais tourné avec
amour vers ses semblables , et qui n'a
jamais regardé le ciel.

» Quelquefois je me plaisais à suivre cette
contemplation , et à comprendre combien
l'organisation de l'homme répond à sa nature sociale, et se trouve en parfaite har-
monie avec la civilisation qu'a produite
l'humanité. Ces membres dociles à la vo-
lonté de l'âme , tant qu'elle habite le corps,

devenus tout-à-coup inertes , cette main créée pour saisir les objets et pour donner par le geste les mille détails de la pensée ; toutes ces merveilles de l'organisation humaine suspendues subitement par le départ du mystérieux agent , auquel elles obéissent , m'inspiraient les plus graves et les plus religieux sentiments.

» Et quand , revenu de ces salles de malade , sorti de cet amphithéâtre , je rentrais chez moi , je me demandais comment il pourrait se trouver des hommes , pour qui tout ce que je venais de voir ne fût que matière , pour qui les sublimes fonctions de la médecine pussent n'être qu'un métier , qu'un moyen d'amour-propre et d'argent ! »

Le docteur avait à peine prononcé ces paroles , qu'une femme , les yeux baignés de larmes , accourut précipitamment vers nous. « Oh ! monsieur , cria-t-elle de loin en sanglotant , venez , je vous en conjure , mon fils se meurt !... »

Morizot , malgré les fatigues de la journée , se leva prompt comme l'éclair ; et me prenant par le bras : « Mon ami , me dit-il , j'aurais désiré vous procurer chez moi une journée de distraction et d'agrément. Les choses prennent une autre direction ; voulez-vous m'accompagner ? La demeure du malade n'est guères qu'à vingt minutes de distance. »

Puis , se tournant vers mon père , qui s'apprêtait à nous suivre. « Confiez-moi Raoul pour une heure , je vous prie , lui dit-il ; il me prêtera son appui pour le retour. »

Mon père comprit que le docteur voulait m'avoir seul avec lui , et il fit un signe d'assentiment en serrant la main de son ami.

Nous nous mîmes en route sans délai ; et , malgré mes jambes de seize ans , j'avais peine à suivre le pas de M. Morizot, tant il avait hâte d'arriver près de son malade.

Nous marchâmes quelque temps en silence. Je faisais de sérieuses réflexions ; jamais je n'avais entendu un langage pareil à celui que venait de tenir le docteur. La vie ne me semblait plus ce que je me l'étais jusque-là figurée ; la jeunesse même se dépouillait de ses illusions , et j'apercevais pour la première fois qu'il y avait autre chose à faire sur la terre qu'à rechercher des plaisirs, des richesses ou des distinctions.

Le docteur recueillit sur le chemin les mêmes témoignages d'estime et de respect que chez lui. Il paraissait un père au milieu de sa famille, et sa présence réjouissait tous ses enfants.

« Le jeune homme, que nous allons voir, me dit-il, a fait ce matin une imprudence. Il est arrivé au dernier période de la phthisie ; je l'avais visité hier soir et je lui avais recommandé beaucoup de tranquillité. Mille projets occupent d'ordinaire l'imagination des malades, arrivés à ce triste degré : ce matin, il a voulu venir me voir pour me consulter non sur sa santé, mais sur un plan qu'il avait formé pour son avenir. Hélas ! cet avenir ne sera pas long.....

» —Vous n'espérez pas pouvoir le guérir ?

» — Son mal est sans remède ; mais j'aurais à me reprocher de ne pas aller lui porter les adoucissements que réclame son état, et les consolations que la présence du médecin procure au malade. »

Nous arrivâmes ; malgré le sentiment de curiosité, naturel à mon âge, j'hésitais d'entrer. Je redoutais les émotions qui m'attendaient dans ce séjour de douleur. Le docteur vit mon embarras. « Venez avec moi, me dit-il affectueusement ; le tableau des souffrances de l'humanité est salutaire. Vous êtes bien jeune, Raoul ; mais il n'est pas d'âge à l'abri de la douleur ou de la mort. Le malade, que vous allez voir, n'a que quelques années plus que vous. »

J'entrai, et je reconnus aussitôt le jeune homme, avec lequel mon père s'était entretenu le matin même. A la vue de M. Morizot, son visage reprit une vive expression ; ses yeux s'allumèrent d'un nouveau feu ; il tira de son lit, sa main décharnée et la présentant au docteur : « O mon bienfaiteur, dit-il, voilà encore mes projets renversés ! ne dois-je plus avoir d'espérance ?... »

Avant de répondre, le docteur dit quelques mots à l'oreille de la mère, qui sortit aussitôt. « Mon enfant, reprit-il ensuite en s'asseyant près du lit du malade, votre position ne s'est pas améliorée depuis ce matin. Vous avez besoin de consolations plus élevées que celles de mon art... Je vais vous préparer une potion que je vous enverrai dans une heure ; j'espère qu'elle vous donnera un peu de calme et qu'elle adoucira vos souffrances. En attendant, remettez, mon ami, avec confiance, tous vos intérêts spirituels et temporels entre les mains de Dieu. Il est le médecin suprême et le consolateur par excellence.

» — J'ai vu Monsieur le curé, avant de me mettre en route ce matin. Combien sa visite et ses paroles m'ont fait de bien !....

» — Je viens de dire à votre mère qu'elle aille le prier de venir près de vous, ce soir.

» — Oh ! monsieur, que je vous ai d'obligations, dit le malade en saisissant la main du docteur, et en la portant à ses lèvres ! Sans vous, que serais-je devenu ?... »

A peine ces derniers mots furent-ils prononcés, que le curé entra. Une douce sérénité se répandit sur le visage du moribond. Il joignit les mains, appelant sur lui les bénédictions du prêtre. Le docteur, se penchant vers le curé : « Vous avez peu de temps, lui dit-il ; la maladie a fait, depuis ce matin, un progrès immense ; une faiblesse peut, d'un moment à l'autre, enlever notre jeune homme.

« Je vais vous laisser, mon cher ami, ajouta-t-il tout haut, en s'adressant au malade ; n'oubliez pas que Dieu seul est le maître de la vie et de la mort, de la maladie et de la santé. Abandonnez-vous à sa Providence. C'est elle qui dirige tout.

» — Ne vous reverrai-je plus ?...

» — Je serai demain, de très-bonne heure, près de vous.

» — Priez pour moi, M. le docteur, ajouta le jeune homme. Vous savez que je vous ai une double obligation. »

Le docteur, en se retirant, fit un salut bienveillant ; et, lorsque nous fûmes éloignés de quelques pas de la demeure du malade. « Je crains bien, me dit-il, de ne pas le retrouver demain en vie. »

Nous continuâmes à marcher en silence ; j'étais trop frappé de tout ce que je venais de voir et d'entendre, pour pouvoir exprimer les pensées qui m'occupaient. M. Morizot comprenait sans doute ma situation d'esprit ; car il me laissait à mes réflexions.

Tout à coup, prenant la parole avec vivacité : « Comment est-il possible, lui dis-je , que ce corps puisse si promptement cesser d'être animé , comment ces yeux si vifs , si limpides, vont-ils être fermés à la lumière ? Comment cette bouche va-t-elle devenir muette, et cette main , qui vient de presser la vôtre , va-t-elle se refroidir et se glacer ?

» — Raoul, me répondit le docteur , nous ne pouvons pénétrer les mystères de la mort ; mais ces phénomènes , qui échappent à notre analyse , nous démontrent l'existence d'une substance immatérielle qui réside en nous, qui est le principe de la vie , qui voit, qui entend, qui perçoit les diverses sensations par nos organes, et qui, en se séparant de notre corps le laisse sans vie, comme un artiste habile abandonne l'instrument dont il s'est servi.

» Le prince de la médecine ancienne, Hippocrate, applique au corps de l'homme une expression sublime ; il l'appelle *l'effigie de l'homme*. Le prince de la littérature moderne , Chateaubriand , en faisant allusion aux études anatomiques , compare le corps humain à un palais , dont après la fuite de l'âme , le médecin parcourt les galeries solitaires , comme on visite les temples abandonnés , que jadis une divinité remplissait de sa présence..... »

J'écoutais avec une attention mêlée de respect ; notre conversation conserva jusqu'à notre retour la même gravité ; et cette journée laissa dans ma mémoire des souvenirs que tous les autres évènements de ma vie ne purent jamais effacer.

Le crépuscule avait cessé d'éclairer les campagnes de ses dernières lueurs ; il faisait entièrement nuit, lorsque je rejoignis mon père.

« Raoul vient d'être témoin d'un spectacle bien touchant, et qui pourra peut-être déterminer son goût pour l'exercice de la médecine, dit M. Morizot, en rentrant.

» — Si j'avais l'espoir qu'il pût vous ressembler, mon ami, dit le général, je serais le premier à l'y engager ; malheureusement, la plupart de nos médecins sont, comme je vous l'ai déjà dit, bien peu dignes de leur noble profession.

» — Ne serait-ce pas une raison de plus, pour que les jeunes hommes, qui ont le sentiment et la conviction du bon et du vrai, se dévouassent à l'étude d'un art qui exerce une si haute influence sur les destinées de l'homme ? »

Je baissai les yeux en rougissant.

« Du reste, ajouta le docteur, on grossit trop la liste des médecins matérialistes ou incrédules. Ces qualifications ne leur ont été appliquées que depuis le dernier siècle, dans lequel un orgueilleux sophisme a altéré les croyances, et a envahi presque toutes les professions libérales. Les demi-savants, les esprits superficiels, et c'est le plus grand nombre, ont cru, en affichant le scepticisme, s'élever au-dessus du vulgaire et se faire un nom, auquel ils ne pouvaient atteindre par leur propre mérite ; mais la plupart des hommes de science et d'étude ne sont pas entrés dans cette ligue insensée contre le Créateur. »

Après avoir achevé ces paroles, le docteur nous quitta un instant ; puis, rentrant avec un volume à la main. « Raoul, me dit-il, je vous parlais tout à l'heure d'Hippocrate, voici un passage de ce grand homme, que vous lirez avec intérêt. Vous verrez quelle haute opinion un sage du paganisme, avec les seules lumières de la raison, avait de la profession de médecin. Lisez, si vous le préférez, le texte grec ; on m'a dit que vous réussissiez parfaitement dans l'étude de cette langue. »

Je ne fus pas fort tenté de faire montre de mon savoir, qui se serait d'ailleurs trouvé en défaut, et je lus les lignes suivantes de la traduction française.

« L'art de la sagesse et celui de la médecine se tiennent de près. Tout ce que donne le premier, le second le met en usage ; mépris de l'argent, modération, décence, modestie, honneur, bonté, affabilité, propreté, gravité, juste appréciation de toute espèce de besoins dans la vie, courage contre les évènements et réflexions sur la toute-puissance de la Divinité. Les médecins sont exposés sans cesse aux occasions propres à déceler la bassesse ou l'intempérance, ou la cupidité, ou la médisance, ou l'audace. On les reconnaît à la manière dont ils se conduisent avec ceux qui les emploient, aussi bien qu'à celle dont ils vivent avec leurs amis ou avec leurs enfants, et à l'état de leurs biens. A tous ces égards, la médecine doit participer à la sagesse ; mais elle y tient principalement en ce qui concerne la connaissance de la Divinité, vers laquelle elle est ramenée sans cesse. En voyant les divers accidents de la vie, les médecins sont continuellement obligés de reconnaître sa toute-puissance.

» Ils ne sauraient attribuer à leur art un vain pouvoir, se voyant souvent déchus de ce qu'ils entreprennent. Et lorsque la médecine réussit, c'est à la Divinité qu'elle en est redevable. Voilà comment la médecine conduit à la sagesse ; ceux même qui ne croient pas à la Providence, sont obligés de la reconnaître, en examinant les merveilles du corps humain.....

» La vie est si courte, et l'art que nous exerçons exige une si longue étude, qu'il faut, dès sa plus tendre jeunesse, en commencer l'apprentissage. Voulez-vous former un élève ? assurez - vous lentement de sa vocation. A-t-il reçu de la nature un discernement exquis , un jugement sain , un caractère mêlé de douceur et de fermeté , le goût du travail , et du penchant pour les choses honnêtes ? concevez des espérances. Souffre-t-il des souffrances des autres ? son âme compatissante aime-t-elle à s'attendrir sur les maux de l'humanité ? concluez-en qu'il se passionnera pour un art qui apprend à secourir l'humanité.

» Quand il sera instruit de vos dogmes , il faudra l'avertir que l'expérience toute seule est moins dangereuse que la théorie dénuée d'expérience ; que ce n'est ni dans la poussière de l'école , ni dans les ouvrages des philosophes qu'on apprend l'art d'interroger la nature , et l'art plus difficile d'attendre sa réponse. Il ne la connaît pas encore , cette nature ; il l'a considérée jusqu'ici dans sa vigueur et parvenant à ses fins sans obstacle.

» Vous le conduirez dans ces séjours de douleur où , déjà couverte des ombres de la mort , exposée aux attaques violentes de l'ennemi , tombant , se relevant pour tomber encore , elle montre à l'œil attentif ses besoins et ses ressources. Témoin et effrayé de ce combat , le disciple vous verra épier et saisir le moment qui peut fixer la victoire et décider de la vie du malade. Si vous quittez pour quelques instants le champ de bataille , vous lui ordonnerez d'y rester , de tout observer , et de vous rendre compte ensuite , et des changements arrivés pendant votre absence , et de la manière dont il a cru devoir y remédier.

» C'est en l'obligeant d'assister fréquemment à ces spectacles terribles et instructifs, que vous l'initierez , autant qu'il est possible , dans les secrets intimes de la nature et de l'art. Mais ce n'est pas assez encore. Quand , pour un léger salaire , vous l'adoptâtes pour disciple , il jura de conserver dans ses mœurs et dans ses fonctions une pureté inaltérable ; qu'il ne se contente pas d'en avoir fait le serment. Sans les vertus de son état , il n'en remplira jamais les devoirs. Quelles sont ces vertus ? Je n'en excepte presque aucune, puisque son ministère a cela d'honorable , qu'il exige presque toutes les qualités de l'esprit et du cœur , conformément au serment solennel qu'il a prêté avant d'exercer ses nobles fonctions : « Je conserverai ma vie pure et sainte, aussi bien que mon art. Lorsque j'entrerai dans une maison pour soulager les malades , je me préserverai de toute injustice et de toute corruption. Dans quelque position que je me trouve , je me tairai sur ce que , par mon ministère , j'aurai pu voir et entendre , regardant ce silence comme un devoir sacré. »

» Quel est donc le médecin qui honore sa profession ? Celui qui a mérité l'estime publique par un savoir profond , une longue expérience , une exacte probité et une vie sans reproche ; celui qui , tous les malheureux étant égaux à ses yeux , comme tous les hommes le sont aux yeux de la Divinité, accourt avec empressement à leur voix , sans acception de personnes , leur parle avec douceur , les écoute avec attention , supporte leurs impatiences , et leur inspire cette confiance qui suffit quelquefois pour les rendre à la vie ; qui , pénétré de leurs maux , en étudie avec opiniâtreté la cause et les progrès , n'est jamais troublé par des accidents imprévus, se fait un devoir d'appeler au besoin quelques-uns de ses confrères pour s'éclairer de leurs conseils ; celui enfin qui, après avoir lutté de toutes ses forces contre la maladie, est heureux et modeste dans le succès, et peut du moins se féliciter, dans les revers, d'avoir suspendu des douleurs, et donné des consolations. »

## IV.

Ce ne fut pas sans regret que je dus le lendemain quitter M. et M^me Morizot pour reprendre le chemin du collége. Je n'eus pas même le plaisir de revoir le docteur, qui, parti de grand matin pour visiter son cher malade, avait sans doute été appelé dans d'autres maisons, pour y donner ses soins.

Je dus promettre à M^me Morizot de ne pas tarder à revenir la voir, et j'avais été trop impressionné par tout ce que j'avais vu à Avanne, pour ne pas désirer d'y retourner le plus tôt possible.

J'exprimais à mon père, lorsque nous

fûmes en route , tout ce que j'avais éprouvé, et il en parut très-touché. « Je désire , mon fils , me dit-il avec une grande émotion, que vous vous accoutumiez à regarder Morizot comme un autre moi - même et sa digne épouse comme une seconde mère.

« C'est une femme d'une admirable vertu et d'un courage héroïque , ajouta mon père ; depuis son mariage, elle a suivi son époux dans toutes ses campagnes. Elle a parcouru avec lui l'Espagne , l'Allemagne et une partie de la Russie. Partout elle se montra la digne compagne de Morizot , qui , dans toutes ces contrées , se dévoua sans réserve et sans distinction de nation aux intérêts de l'humanité. »

En effet , Morizot avait tout sacrifié à cette mission sacrée , et aucun danger , aucune considération n'avaient pu l'arrêter. Si sa modestie l'empêchait de solliciter des récompenses , sa réputation ne s'en était pas moins étendue, non-seulement dans l'armée française , mais encore dans les armées étrangères. Presque tous les souverains de l'Europe lui avaient envoyé des décorations pour le récompenser des soins qu'il avait donnés à leurs soldats blessés.

Je continuai, pendant toute la belle saison, mes visites à Avanne, et toujours j'en revenais avec une plus grande estime pour le vénérable docteur.

L'hiver vint interrompre nos agréables promenades. Mais, dès que le printemps fut de retour, je recommençai mes excursions comme l'année précédente. Seulement, après deux ou trois visites, une circonstance imprévue vint les interrompre. Mon père était fort souffrant, depuis quelques mois ; sa physionomie s'altérait ; son caractère s'assombrissait, et il paraissait attaqué d'un mal intérieur qui le dévorait lentement. On lui conseilla d'aller aux eaux ; il choisit celles de Bade, et le docteur, qui, lui-même ne se portait pas très-bien, y accompagna son fidèle ami.

Pendant l'absence du général, je rentrai au collége comme pensionnaire, et il ne me restait, pendant les jours de sortie, que l'agréable compagnie du commandant Hutin, et ses promenades stratégiques.

Mon père ne revint qu'au mois d'octobre avec le docteur. J'étais allé passer les vacances à Avanne, auprès de la bonne dame Morizot, qui m'en rendait le séjour aussi agréable que possible.

Je trouvai mon père bien changé, et les eaux, loin de lui avoir fait du bien, semblaient avoir augmenté son mal. Il fut souffrant et alité une partie de l'hiver ; au printemps, il voulut retourner aux eaux ; hélas ! il n'en revint pas....

Un jour, c'était le vingt-deux juillet, le proviseur me fit appeler. Je trouvai chez lui le docteur Morizot ; je n'eus pas besoin de l'interroger ; en voyant sa figure, je me jetai dans ses bras en pleurant ; j'avais deviné mon malheur....

Depuis longtemps, mon père prévoyait sa mort prochaine ; c'était le motif qui l'avait déterminé à me placer à Besançon, pour me rapprocher du docteur Morizot, sur lequel il comptait pour me tenir lieu de père quand il ne serait plus. C'était là ce fatal secret dont j'avais entendu une partie, lors de notre première entrevue avec le docteur.

La mort de mon père fit sur moi une de ces impressions profondes, que le temps adoucit, mais ne saurait effacer. C'était la première douleur vive, le premier chagrin réel que je ressentais. Toutes les autres peines, que j'avais éprouvées jusque-là, ne me semblaient qu'une ombre auprès de celle-ci, et même encore aujourd'hui, que plus de douze années se sont écoulées depuis cette époque, je ne saurais sans verser des larmes en retracer le souvenir.

Par son testament, mon père avait nommé le docteur Morizot pour mon tuteur. Je me rappelai, en le lisant, les paroles qu'il avait adressées au docteur, quand il le lui avait remis lors de notre première visite, et le pressentiment qu'il avait manifesté alors de sa mort prochaine.

Pour me distraire, ou plutôt pour veiller sur ma douleur, mon tuteur m'emmena chez lui, avec la permission de me garder aussi longtemps qu'il le jugerait convenable. Voici de quelle manière il me présenta à sa femme.

« Ma bonne amie, dit-il en l'abordant, Dieu a appelé à lui l'enfant qu'il nous avait donné autrefois ; eh bien ! en voici un qu'il nous envoie aujourd'hui pour nous consoler ; embrasse - le , car il a besoin des caresses d'une mère ; Raoul , embrasse aussi ta mère , car elle a besoin des caresses d'un fils. »

Ma nouvelle mère me serra dans ses bras avec une tendre effusion , et longtemps nos larmes confondues inondèrent notre visage. Ces larmes me soulagèrent , et m'ôtèrent un poids énorme dont j'étais accablé. En effet , la nouvelle de la mort de mon père m'avait causé une de ces douleurs qui étreignent l'âme , et qui n'éclatent ni en larmes ni en sanglots. La gaîté bruyante de mes condisciples , loin de me distraire , me faisait mal ; aussi le docteur avait bien jugé quel remède devait m'être appliqué.

Pendant les premiers jours , il laissa à sa femme le soin de me consoler , ou plutôt de pleurer avec moi. M<sup>me</sup> Morizot était , comme je l'ai déjà dit , une femme pleine de douceur , de sensibilité , et de toutes ces vertus paisibles , si précieuses dans son sexe. Elle savait souffrir , pleurer et se résigner ; ce qui n'ôtait rien à l'énergie de son caractère.

Quand mon tuteur jugea que je pouvais entendre un autre langage que celui des sanglots et des larmes, il me prit à part, et m'adressa de ces paroles consolantes, que la raison, éclairée par la religion, peut seule trouver.

Je l'avouerai à ma honte, je n'avais jusque-là fait qu'une attention peu sérieuse aux enseignements de la religion. Je n'y avais vu qu'une suite de pratiques plus gênantes qu'utiles, et j'étais loin de supposer qu'elle pût offrir tant de ressources à l'homme, dans toutes les situations pénibles de la vie. Mais bientôt sa voix consolatrice se fit entendre à moi, par la bouche du docteur, et j'entrevis tout ce que cette sainte religion avait de trésors pour les misères de l'âme. C'est surtout quand nous perdons les personnes qui nous sont chères, que le dogme d'une autre vie et de l'immortalité de l'âme est un besoin pour nos cœurs affligés. Quel soulagement à notre douleur, en effet, de penser qu'un père, une mère, un frère, un ami, ne sont pas perdues à jamais pour nous ; qu'ils viennent de commencer au sein de Dieu une vie qui ne finira jamais, et qu'un jour nous pourrons nous réunir à eux, pour ne plus nous-quitter pendant l'éternité.

Le docteur s'aperçut bientôt de mon ignorance et de mes préjugés en matière de religion. Car, hélas! il faut bien le dire ici, l'éducation que l'on donne dans la plupart des colléges est presque nulle sous ce rapport. A peine s'occupe-t-on un peu sérieusement des élèves qui doivent faire leur première communion; puis cette cérémonie faite, on les abandonne à eux-mêmes, et les semences de foi et de piété, jetées dans leurs cœurs, sont promptement étouffées par l'exemple et les propos de leurs camarades. Il n'est pas rare de trouver, dans les colléges, des jeunes gens sans principes religieux, sans foi, croyant à peine en Dieu, et tournant en ridicule tous ceux qui ont conservé la foi, et qui pratiquent la religion de nos pères.

J'étais du nombre de ces jeunes gens dont je viens de parler; j'avais fait ce que l'on appelle de bonnes études; chaque année, j'avais reçu un nombre assez considérable de prix ; mon cours de rhétorique avait été brillant ; j'étais très-fort en mathématiques ; je venais de terminer ma philosophie d'une manière assez remarquable, et sans la mort de mon père, j'aurais pu passer mon examen pour le baccalauréat ou l'école polytechnique.

Ainsi, les funestes influences du collége avaient détruit peu à peu les résultats avantageux qu'auraient pu me procurer mes relations avec le docteur. La vanité s'était établie souveraine maîtresse dans mon cœur ; entretenue par mes études et par les perfides conseils de mes compagnons, elle me faisait passer à mes propres yeux pour un petit phénix ; et du haut de ma science, je me croyais appelé à régenter le monde. Je n'avais jamais osé exprimer mes sentiments devant Morizot, dans les diverses occasions où nous nous étions rencontrés, parce que j'avais pour lui un respect vraiment filial, et que les hautes qualités, qui le distinguaient, avaient fait sur moi une profonde impression. Mais, dans cette circonstance, je sentis quel immense avantage avait l'homme religieux sur celui qui ne trouvait, pour combattre sa douleur et son désespoir, que la désolante doctrine de l'incrédulité. Peu à peu mon cœur s'ouvrit à l'espérance, en pensant que mon père n'était peut-être pas à jamais ravi à ma tendresse, et si mon esprit se refusait encore à croire, il en était arrivé du moins à désirer de croire et d'être convaincu.

Si ces heureuses dispositions avaient eu le temps de se développer, si une fausse honte ne m'eût pas retenu, et ne m'eût empêché de demander au docteur des explications qui eussent achevé de m'éclairer, je me serais épargné bien des fautes et des regrets. Mais j'avais encore à subir de rudes épreuves, avant que les lumières de la foi vinssent jeter leur clarté dans mon âme, et lui faire apercevoir l'abîme, où les passions et l'irréligion allaient la plonger.

Le calme dont je jouissais chez mon tuteur, les puissantes consolations qu'il avait su me donner, les soins attentifs de sa bonne épouse, de ma seconde mère, comme je me plaisais à l'appeler, adoucirent l'a-

mertume de ma douleur. Nous commen-
çâmes à nous occuper de mon avenir et
de la carrière dans laquelle je me propo-
sais d'entrer.

J'avais peu de goût pour l'état militaire,
et ce n'était que par condescendance pour
mon père, que je m'étais préparé pour
l'école polytechnique. Cependant j'avais
atteint ma dix-huitième année, et il fallait
prendre un parti. La fortune que me laissait
mon père était suffisante, il est vrai,
pour me faire vivre dans une aisance mé-
diocre ; mais qu'est-ce qu'un homme sans
état, et livré à l'oisiveté ? Un être inutile
et souvent dangereux à la société. Je sentais tout cela ; l'embarras était de choisir
une carrière ? je ne me sentais de vocation
décidée pour aucune, quoique bien résolu
de suivre avec ardeur celle dans laquelle
je serais une fois lancé. Mon tuteur m'engageait à faire un choix réfléchi ; mais il
se gardait d'influencer en rien ma détermination.

Une lettre, que je reçus de Paris, vint
mettre un terme à mon indécision. C'était
d'un de mes camarades de collége nommé

Landel , avec qui j'avais été très-lié au-trefois. Il faisait son droit à Paris , et nous n'avions cessé de correspondre ensemble depuis un an environ qu'il avait quitté le collége.

Il avait appris la mort de mon père , et après m'avoir fait à ce sujet son compliment de condoléance , il m'engageait à venir à Paris , suivre aussi les cours de l'école de droit, m'offrant de me servir de guide à mon début dans la carrière d'étudiant, et de me *piloter* , c'était son expression , au milieu des écueils qui s'y rencontrent.

De toutes les résolutions que j'aurais pu prendre , celle-ci était peut-être la plus funeste ; et comme il arrive presque toujours , quand on est dans l'indécision , ce fut précisément celle que je choisis. Ce n'est pas, comme on le pense bien , à la résolution d'étudier le droit, que j'applique cette épithète de funeste , mais à l'offre qui m'était faite par Landel, de me guider dans cette carrière.

En effet, de tous mes condisciples , Landel était celui qui avait le plus contribué à éteindre en moi tout sentiment religieux. Plus âgé que moi d'un an ou deux , il avait pris un tel ascendant sur mon esprit , que je l'écoutais comme un oracle , et que je me rangeais toujours de son avis. Flatté de cette condescendance, il s'était déclaré mon protecteur au collége , et il s'était établi entre nous une intimité telle que nos camarades nous appelaient les *inséparables.*

Je fis part de cette lettre au docteur Morizot, et du parti auquel je m'étais enfin arrêté. Il n'y fit pas d'objections, et se contenta de me donner de sages conseils , que je puis résumer ainsi :

« Puisque vous êtes décidé à faire votre cours de droit , il vaut mieux que ce soit à Paris qu'en province , pourvu toutefois que vous soyez bien résolu de vous livrer à cette étude , en conscience et d'une manière sérieuse.

» Vous trouverez à Paris toutes les ressources que peut désirer un jeune homme studieux ; des cours faits par d'habiles professeurs, des bibliothèques, les plus riches de l'Europe, la solitude et le silence au milieu du tumulte et de l'agitation. En effet, dans une ville de province, les étudiants peu nombreux se connaissent tous, et il est difficile à celui qui veut travailler, d'échapper à la dissipation qui règne parmi ses autres camarades, tandis qu'à Paris, le jeune homme laborieux peut s'isoler complètement, et rester inconnu au milieu de la foule. Mais à côté de ces avantages qu'offre la capitale, combien de dangers sont accumulés sous les pas de la jeunesse! Vous me dites beaucoup de bien de ce jeune homme qui vous écrit; j'aime à le croire, et s'il est vertueux, je vous conseille de cultiver son amitié. Mais, en général, gardez-vous de prodiguer ce nom d'ami, comme le font tant de gens qui ne se doutent pas de ce qu'il y a de respectable, je dirais même de saint, dans ce beau sentiment de l'amitié. Vous n'êtes plus un enfant, Raoul; mais vous n'êtes pas encore un homme, c'est-à-dire que vous avez encore besoin des conseils de l'expérience..... Je voudrais pouvoir vous accompagner et veiller sur vous, comme votre père l'aurait fait, s'il existait encore; malheureusement, mon devoir me retient attaché au poste où je me suis fixé depuis tant d'années ; mais de loin j'aurai les yeux sur vous ; une correspondance suivie continuera de nous mettre en rapport ; vous viendrez ici passer vos vacances, et j'espère que vous traverserez cette époque si critique de la jeunesse, sans vous briser contre les écueils dont elle est parsemée. »

Je promis bien de suivre les avis de mon tuteur, et c'était bien sincèrement que je lui faisais cette promesse. C'était sincèrement aussi que je lui avais parlé de Landel d'une manière avantageuse, car j'en croyais alors tout le bien possible. Il est vrai que je connaissais sa manière de penser au sujet de la religion, mais j'étais trop léger pour m'en inquiéter, puisque je partageais ses sentiments à cet égard.

On pressa mes préparatifs de départ, car nous approchions du terme fatal où je devais prendre ma première inscription. M<sup>me</sup> Morizot ne me vit pas partir sans verser d'abondantes larmes ; son mari vint me conduire jusqu'à la diligence à Besançon, où il me fit ses adieux.

Cette séparation renouvela un instant ma

douleur ; mais bientôt le bruit et le mouvement de la voiture , les sites variés de la route , et surtout l'idée de mon arrivée prochaine à Paris , firent une diversion puissante aux tristes idées qui avaient commencé à m'assaillir.

Le troisième jour après mon départ, j'entrais dans Paris par la barrière de Charenton. J'éprouvai ce désenchantement, que ressentent ordinairement tous ceux qui arrivent pour la première fois à Paris , et qui s'attendent , dès leur entrée , à trouver des palais ou des hôtels somptueux. Il faisait en outre une de ces journées brumeuses de novembre , qui rendent les rues si sales et le pavé si glissant ; enfin , pour comble de désappointement , quand j'arrivai à l'hôtel de Landel , où je m'étais fait conduire , j'appris qu'il avait quitté son logement deux jours auparavant, et qu'il était parti sans laisser son adresse. Je demandai alors à occuper un logement dans cette maison , me présentant comme un ami intime de M. Landel.

« Ce ne serait pas là une brillante recommandation , me répondit en souriant le maître de l'hôtel ; cependant si cela était possible , je consentirais volontiers à votre demande , car vous paraissez plus honnête que votre ami ; mais je n'ai pas un seul appartement libre en ce moment. »

Enfin , après avoir parcouru plusieurs hôtels dans le voisinage de l'école de droit , je trouvai une chambre convenable sur la place Saint-Étienne-du-Mont , et je m'y établis.

Ces premières contrariétés avaient complètement brisé mes illusions ; ce que je venais d'entendre sur le compte de Landel m'avait surtout affligé , et me faisait regretter d'avoir pris une détermination si prompte. Je n'avais pas osé interroger l'hôte , dans la crainte d'en apprendre plus que je ne voulais en savoir , et d'être peut-être obligé de rougir de celui que j'appelais mon ami , et que mon cœur redoutait de trouver coupable.

Aussitôt que je fus installé dans mon nouveau logement , je me hâtai de remplir toutes les formalités nécessaires pour prendre ma première inscription. Comme on donne en même temps son adresse , je pensai qu'il me serait facile de connaître ainsi la nouvelle résidence de Landel. Effectivement, quelques jours après, quand le délai pour la clôture des inscriptions fut expiré, je me présentai de nouveau au secrétariat, dans cette intention ; mais il me fut répondu que M. Landel n'avait pas pris d'inscription pour ce premier trimestre.

Cette nouvelle me déconcerta tout-à-fait ; je ne savais plus que penser de la conduite de Landel ; peut-être avait-il quitté Paris, peut-être était-il retourné dans sa famille. J'ignorais l'adresse de ses parents, sans cela je leur aurais écrit pour avoir de ses nouvelles.

Je me trouvais donc seul, isolé, inconnu, au milieu de cette foule, que Chateaubriand caractérise si bien en l'appelant un *vaste désert d'hommes*. J'éprouvais un sentiment indéfinissable de tristesse, moi, accoutumé jusqu'ici à ne rencontrer que des visages bienveillants, et qui souriaient à ma venue, de n'apercevoir aujourd'hui que des figures inconnues, que des yeux indifférents, et de voir passer cette multitude immense, dont les flots, semblables à ceux d'un fleuve, se succèdent et se renouvellent sans cesse.

Je pensai alors aux sages conseils de mon tuteur, qui m'avait dit que je pourrais trouver à Paris la solitude et le silence, si favorables à l'étude. Je résolus de profiter de mon isolement pour me livrer sérieusement au travail, remède le plus sûr contre l'ennui qui commençait à me gagner.

La maison que j'habitais était tranquille, retirée, occupée seulement par un petit nombre de locataires, avec lesquels je n'avais aucune relation. Elle était placée à une distance à peu près égale de l'école de droit et de la bibliothèque Sainte-Geneviève, où je passais une partie de la journée. Je divisai mon temps de manière à donner de l'ordre et de la régularité à mon travail ; car, ainsi que me l'avait souvent répété mon sage tuteur, c'est le seul moyen de rendre le travail profitable. Ce fut encore lui qui me dirigea dans cette circonstance. Je lui avais fait part, aussitôt après mon arrivée, de mon désappointement au sujet de Landel, et de l'isolement où cet évènement m'avait jeté.

Dans sa réponse, il me disait qu'il ne regardait point cet isolement dont je me plaignais, comme une circonstance très-fâcheuse pour moi ; qu'il voyait avec plaisir que j'étais résolu à chercher dans l'étude d'utiles distractions. Là-dessus il me traçait un plan de conduite, sagement conçu, en ajoutant toutefois qu'il ne me l'imposait pas comme une règle invariable, et qu'il laissait à mon jugement et à ma sagesse, à le modifier selon les circonstances.

J'adoptai sans hésiter la plus grande partie de ce plan. La seule chose que ma *sagesse* se permit de modifier immédiatement, ce fut ce qui était relatif aux exercices religieux. Car, il faut bien le dire, à mesure que ma douleur s'était calmée, et que je m'étais éloigné de Morizot, les sentiments religieux qui avaient semblé un instant vouloir pénétrer dans mon cœur, s'en étaient éloignés de nouveau. J'étais revenu à mes anciennes idées sur la religion et sur les devoirs qu'elle nous impose. Aussi, ce ne fut qu'en souriant que je lus ce qu'il me disait sur l'assistance régulière, chaque dimanche et fête , aux offices de ma paroisse , sur la fréquentation des sacrements , sur l'observation exacte des commandements de Dieu et de l'Eglise.

« C'est en vain , me disait-il , en terminant sa lettre , que vous formerez le plan le plus régulier pour votre conduite, que vous y apporterez les meilleurs intentions pour l'exécuter , si vous ne lui donnez pour base la religion ; il s'écroulera au moindre choc , comme ce colosse aux pieds d'argile , qu'une petite pierre détachée de la montagne suffit pour renverser. »

» — Allons, allons, me disais-je en moi-même , voilà bien mon bon docteur avec ses idées de l'autre siècle. Comme s'il était nécessaire pour se bien conduire de s'astreindre à certaines pratiques religieuses , et s'il ne suffisait pas d'être honnête homme, et de vouloir le bien pour le faire ! »

Cependant cette régularité dans ma conduite dura à peu près toute la première année de mon cours de droit. J'avais suivi assez exactement le plan que je m'étais tracé , et le travail, joint à d'utiles distractions , avait fait passer le temps avec rapidité. Outre les cours de la faculté , je suivais également quelques leçons à la Sorbonne et au collége de France , ce qui complétait entièrement l'emploi de mes journées. Mes récréations consistaient principalement en promenades dans l'intérieur de Paris , afin d'apprendre à connaître cette grande ville , ses monuments , ses jardins publics , ses musées , et tant d'objets dignes de fixer l'attention et l'admiration des étrangers. Quand vint la belle saison , je parcourus les environs de Paris. Chaque dimanche , quand le temps était beau , j'allais visiter quelques - uns des sites enchanteurs qui avoisinent la capitale , depuis Fontaine-bleau , jusqu'à Versailles et Saint-Germain , depuis Sceaux jusqu'à Montmorency.

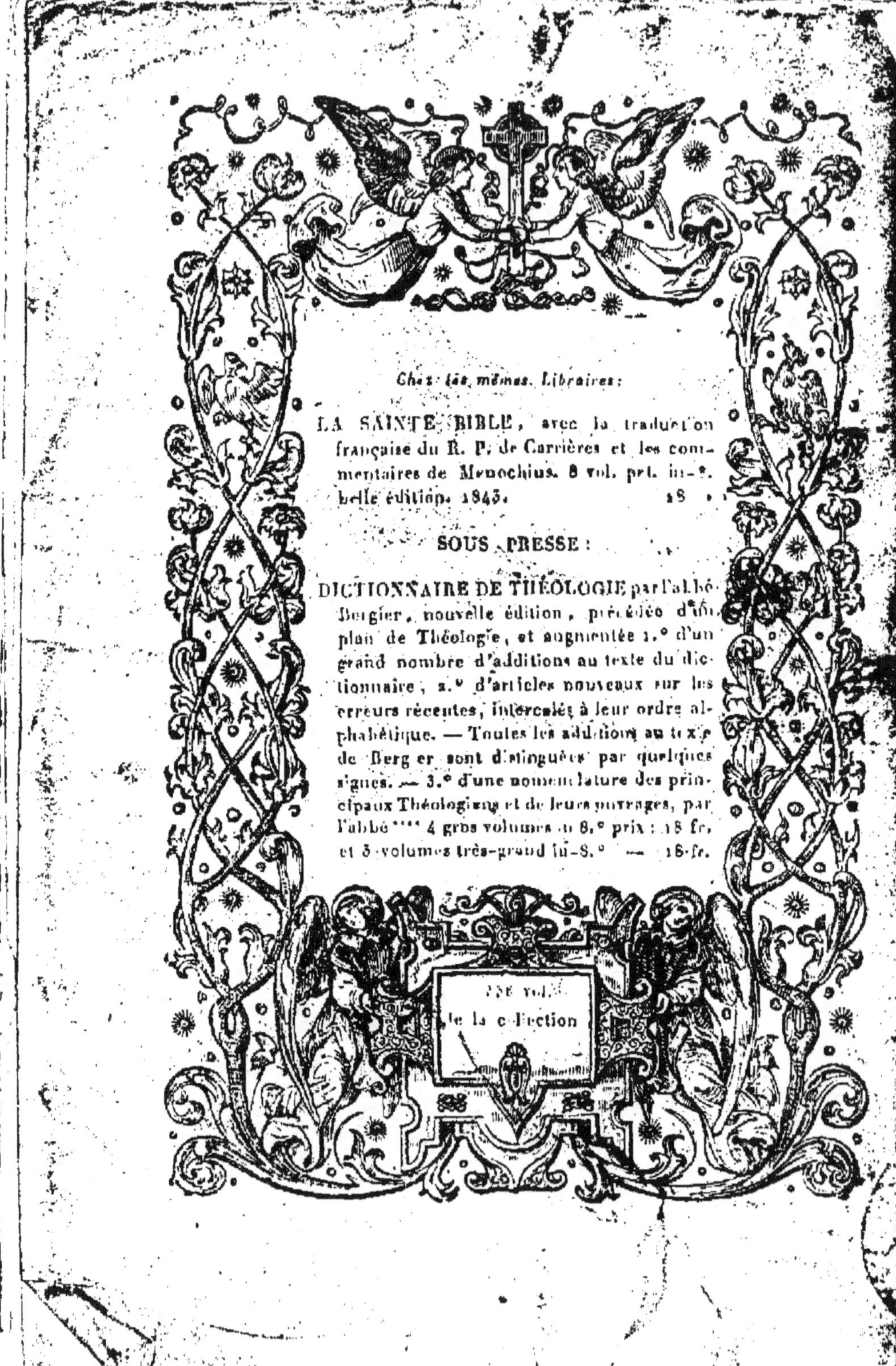


Chez les mêmes Libraires :

LA SAINTE-BIBLE, avec la traduction française du R. P. de Carrières et les commentaires de Menochius. 8 vol. prt. in-4. belle édition. 1843.                18

SOUS PRESSE :

DICTIONNAIRE DE THÉOLOGIE par l'abbé Bergier, nouvelle édition, précédée d'un plan de Théologie, et augmentée 1.° d'un grand nombre d'additions au texte du dictionnaire, 2.° d'articles nouveaux sur les erreurs récentes, intercalés à leur ordre alphabétique. — Toutes les additions au texte de Berger sont distinguées par quelques signes. — 3.° d'une nomenclature des principaux Théologiens et de leurs ouvrages, par l'abbé **** 4 gros volumes in 8.° prix : 18 fr. et 3 volumes très-grand in-8.°   —   16 fr.

156 vol.
de la collection